왜 대한민국은 번영했을까?

30년의 기적

왜 대한민국은 번영했을까?

30년의 기적

無名작가

대한민국 청소년과 젊은이를 위한 책
그리고 부모님을 위한 책

ⒷⒷ 인터북스

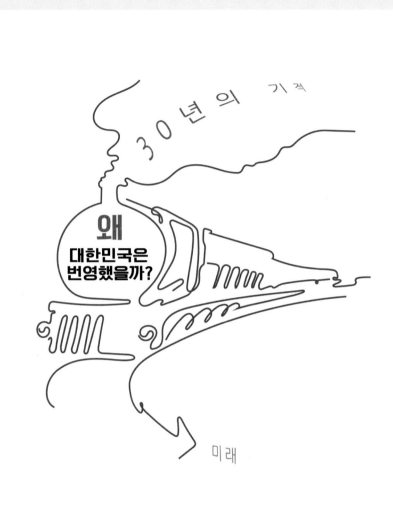

일러스트에서 묘사하고 있는 기차는 대한민국을 상징하며 '대한민국 호'가 힘차게 앞으로 향하며 뿜어내고 있는 연기는 번영의 토대였던 1948~1979년, '30년의 기적'을 상기시킨다. 그러나 기차는 과거가 아닌 '미래'라는 방향의 선로를 향하고 있어 대한민국 번영이 앞으로도 계속 될 수 있음을 힘차게 암시한다.　　　　　　일러스트 **투핸즈아트(Twohands Art)**

목차

일러두기

　1. 주석(각주)으로 독자의 이해를 돕도록 했다.
　2. 학술서가 아니므로 인용된 자료(도서 등)의 페이지까지는 표기하지 않았다.
　3. 출처표시가 없는 것은 모두 '저자 주'로 처리했다.

지금 10대와 20대 그리고 30대 초반까지는 그들이 태어났을 때 대한민국은 이미 잘사는 나라였다. 현재는 아주 잘사는 나라에 속한다.[1] 그런데 우리는 우리나라가 얼마나 잘 사는 나라인지 대부분 잘 모른다.[2] 특히 MZ[3]세대에 속하는 젊은이들은 자신의 나라가 늘 잘사는 나라였을 거라고 생각할 수 있다. 살고 있는 아파트, 쓰고 있는 가전제품, 스마트 폰, 컴퓨터, 자동차와 늘 이용하는 인터넷, 지하철, 고속철도, 백화점, 대형마트 등이 모두 세계 최고 수준인 나라는 흔치 않다. 더구나 그 모두를 자기 나라에서 만든다면 그런 나라는 몇 나라뿐이다.

····················

1 한국은 세계 10대 경제 대국, 7대 통상(通商) 대국, 6대 군사 강국이다. 송의달, [송의달 LIVE] "토착왜구 낙인찍고 知日 막는 한국, 일본처럼 몰락한다." 조선일보, 2022.07.31.

2 Purchasing Power Parity(PPP, 구매력평가 지수)를 기반으로 계산한 GDP를 GDP(PPP)라 한다. 각국의 통화단위로 산출된 GDP를 단순히 달러로 환산해 비교하지 않고 각국의 물가 수준을 함께 반영하는 것이다. 측정단위는 달러이고 미국의 구매력을 기준으로 계산한다. 2022년 4월 기준 한국 1인당 PPP는 53,051달러, 일본 44,585달러이며 한국은 미국, 독일, 프랑스, 영국 다음 순위다. 출처 : 나무위키.

3 MZ세대는 한국에서 밀레니얼 세대(1981~1996년생)와 Z세대(1997~2010년생)를 합쳐 부르는 말이다. 이 글에서는 MZ세대는 1990년 이후 출생한 사람을 칭한다.

IMF DataMapper   GDP per capita, current prices (U.S. dollars per capita, 2019)

- 25,000 or more
- 10,000 - 25,000
- 2,500 - 10,000
- 500 - 2,500
- under 500
- no data

©IMF, 2019, Source: World Economic Outlook (October 2019)

1인당 소득비교(IMF, 2019)

아시아 대륙전체에서 1인당 소득이 30,000달러를 넘는 나라인구 2,500만 이상 국가는 한국과 일본뿐이다. 그러나 1950년대~1960년대에 아시아권에서 한국보다 소득이 낮은 국가는 인도뿐이었다.

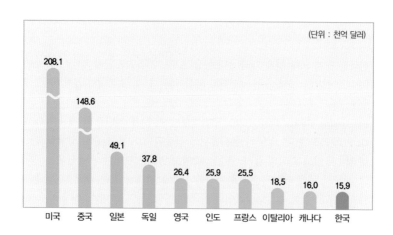

(단위 : 천억 달러)

미국	중국	일본	독일	영국	인도	프랑스	이탈리아	캐나다	한국
208.1	148.6	49.1	37.8	26.4	25.9	25.5	18.5	16.0	15.9

세계 10대 경제대국(IMF, 2020)   출처 : 국제통화기금 전망자료

한국은 2004년과 2005년 연이어 경제규모가 세계 10위에 오른 이후 2018년에 다시 세계 10위권에 올랐다. 국제통화기금IMF에 따르면 국민들의 평균 생활수준을 보여주는 1인당 국민총소득GNI이 2020년에 3만1000달러 중반대를 기록, G7에 속한 이탈리아를 따라잡았다.[4]

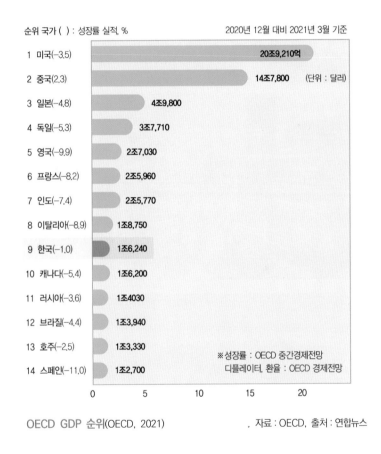

순위 국가 ( ) : 성장률 실적, %   2020년 12월 대비 2021년 3월 기준

1 미국(-3.5)   20조9,210억
2 중국(2.3)   14조7,800   (단위 : 달러)
3 일본(-4.8)   4조9,800
4 독일(-5.3)   3조7,710
5 영국(-9.9)   2조7,030
6 프랑스(-8.2)   2조5,960
7 인도(-7.4)   2조5,770
8 이탈리아(-8.9)   1조8,750
9 한국(-1.0)   1조6,240
10 캐나다(-5.4)   1조6,200
11 러시아(-3.6)   1조4030
12 브라질(-4.4)   1조3,940
13 호주(-2.5)   1조3,330
14 스페인(-11.0)   1조2,700

※성장률 : OECD 중간경제전망
디플레이터, 환율 : OECD 경제전망

0   5   10   15   20

OECD GDP 순위(OECD, 2021)   . 자료 : OECD, 출처 : 연합뉴스

....
4 『GDP 브라질·러 넘어 세계10위 … 1인 기준으론 G7 이탈리아 추월』, 헤럴드경제, 2021.01.26.

경제 선진국에 진입한 대한민국 수도 서울 야경

순위	국가	인구(명)	구매력 기준 1인당 GDP(달러)
1	미국	3억 2770만	62,869
2	러시아	1억 4450만	28,797
3	중국	14억 1만	18,116
4	독일	8300만	52,386
5	영국	6654만	45,741
6	프랑스	6704만	45,893
7	일본	1억 2654만	44,246
8	이스라엘	893만	37,794
9	한국	5164만	43,290
10	사우디	3375만	55,730

세계 국력 순위(2020)[5]   출처 : US뉴스&월드리포트

만약 MZ세대에게 "왜 대한민국이 이렇게 잘 사는 나라가 될 수 있었을까?"라고 물어본다면 어떤 답을 듣게 될까? "아빠, 엄마가 열심히 일해서?"아마도 모르겠다는 답이 대부분일 것이다. 어쩌다 아버지나 할머니로부터 듣던 "1960년대, 1970년대 한국은 세계에서 가장 가난했던 나라였다"라는 이야기는 자신의 나라의 얘기가 아니라 먼 나라의 얘기로 들릴 수 있다. 실감할 수가 없기 때문이다. 그러나 50대 중반을 넘긴 사람들에게는 자신들의 이야기가 된다.

. . . .

5 US뉴스&월드리포트는 '2022 최고의 국가' 순위를 발표했는데 한국은 '전세계 국력 랭킹(Power Ranking)' 부분에서 6위를 기록함으로써 작년 8위에서 2단계 상승, 종합국력에서 일본, 프랑스를 제쳤다. 조선비즈, "韓 국력 전세계 6위", 2022.10.7.

한국은 6.25 전쟁 직후인 1953년 1인당 국민소득이 67달러에 불과했다. 동남아시아나 아프리카 국가보다도 낮았다. 박정희 정부가 들어선 1961년에는 82달러로, 가나179달러의 절반에도 못 미쳤다. 세계은행WB 통계에 따르면 1962년 한국의 1인당 국민총소득GNI은 91달러약 12만 원로 지금은 최빈국에 속하는 아프리카의 가나190달러나 가봉350달러보다도 소득수준이 뒤떨어졌다. 한국경제의 첫 번째 롤모델은 필리핀이었다. 지금은 1인당 GNI가 한국의 10분의 1 수준이지만 필리핀은 당시만 해도 평균소득이 한국의 두 배나 돼 부러움의 대상이었다. 박정희 전 대통령은 1966년 필리핀을 방문해 페르디난드 마르코스 당시 대통령에게 "한국도 필리핀만큼 잘살 수 있다면 얼마나 좋겠는가"라고 말했다는 기록이 있다. 한국이 필리핀을 앞지른 것은 그로부터 불과 4년 뒤인 1970년이었다.[6]

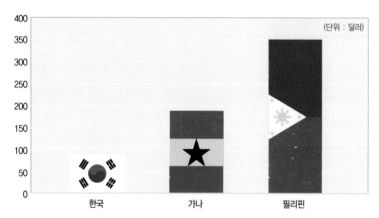

1962년 한국, 가나, 필리핀 1인당 소득 비교

6 [전문가 10인, 한일 경제력 비교] "1962년 가봉-가나보다 못살던 한국 … 1970년 필리핀-2005년 대만 앞질러", 동아일보, 2012.09.19.

한국보다 월등한 선진국이던 1950년대~1960년대 필리핀 모습

당시 필리핀은 세종로의 주미대사관, 문화공보부(현재 국립역사박물관) 건물을
지어주었다.

❼

1950년대 한국의 모습 Ⅰ

❶ 남대문 부근　　　　　❷ 경복궁, 광화문 부근
❸ 광화문에서 시청 앞 방향　❹ 서울 낙산(지금 혜화동) 부근
❺ 남대문 부근　　　　　❻ 청계천 부근
❼ 서울역 부근

⑧ ⑨

⑩ ⑪

⑫ ⑬

⑭   ⑮

⑯

1950년대 한국의 모습 Ⅱ

⑧ 6.25 전쟁 중 미군부대 위문 공연하는 어린이들.

⑨~⑯ 아이들의 모습. 가난했지만 그들의 눈동자는 빛나고 있었다. 미래 한국 번영의 희망이 그들의 눈빛에서 느껴진다.

⑰　⑱

⑲　⑳

㉑　㉒

㉓

1950년대 한국의 모습 III

⑰ 고무신 가게. 당시 신발은 고무신뿐이었다.

⑱ 당시 짐을 운반하는 대표적인 수단이었던 지게와 지게꾼(사람)

⑲ 상점에서 파는 물건들

⑳ '똥 지게'. 정화조나 수세식 화장실이 없던 당시 인분을 퍼 올려서 이런 통에 넣어 작물들의 비료로 들판에 뿌리거나 길 옆 도랑에 버렸다.

㉑, ㉒ 부산 피난 시절 판잣집 모습

㉓ 기차를 타려는 사람들 모습

세계에서 가장 가난했던 나라가 70년[7] 만에 세계에서 가장 잘 사는 나라 중의 하나가 되었다. '기적'[8]이라는 단어는 이런 대한민국의 번영을 가장 잘 설명한다. 그런데 만약 외국 사람이 "2차 대전 후에 최빈국이던 대한민국이 왜 이렇게 번영했을까?"라고 묻는다면? 이 질문에 구체적으로 답을 할 수 있는 한국인은 많지 않을 것이다. 깊이 있게 생각해 본적도 학교에서 배운 적도 없기 때문이다.

이 책은 "왜 대한민국이 이렇게 잘 사는 나라가 될 수 있었을까?"에 대한 궁금증을 풀기 위해 썼다. 물론 궁금해 할 사람이 많지 않을 것이다. 지금까지 한국이 왜 번영했을까를 궁금해 하는 사람을 본적이 없다. 그런 이유에서인지 대한민국의 번영에 관한 책은 별로 보지 못했다.

....

7 1945년 8월 15일 일본의 패망으로 대한민국이 해방되었다. 1948년 8월15일 대한민국 정부가 수립되었다. 세계에서 가장 가난한 나라 대한민국이었다. 그로부터 70년이 지난 2018년 대한민국은 '30-50 클럽'의 멤버 국가가 되었다. 인구가 5천 만 명 이상이고 1인당 국민소득이 3만 불이 넘는 지구상의 단 7개 나라에 당당하게 포함된 것이다.

8 2018년 한국의 1인당 GNI(달러화 기준)는 1953년 대비 503배(이하 소수점 반올림 미조정분 반영)로 늘어난 것으로 집계됐다. 명목 국내총생산(GDP·한화 기준)의 경우 1953년 477억원에서 지난해 1천893조원으로 무려 3만9천665배로 증가한 것으로 나타났다. 1954~2018년 중 연평균 실질 GDP 성장률은 7.2%로 집계되었고 1인당 GNI 증가율은 연평균 10.0%에 달한 것으로 나타났다. 한국전쟁 이후 평균 7년마다 1인당 소득이 2배로 늘었다는 의미. 10년 단위로 보면 1950년대 3.6%에 머물렀던 연평균 1인당 GNI 증가율은 1960년대 10.4%, 1970년대엔 22.8%, 1980년대엔 12.9%를 나타내 30년간 연평균 두 자릿수 증가율을 기록했다. 『한국 1인당 국민소득, 6.25 이후 500배로 증가』, 연합뉴스, 2019.12.19.(자료: 한국은행)

경제성장(명목 국내총생산)	1인당 국민총소득(GNI)	수출 규모
1953년 477억원	1953년 67달러	1956년 2500만달러
3만1000배 확대	420배 증가	2만2900배 증가
2014년 1485조원	2014년 2만8180달러	2014년 5727억달러

※지니계수는 0에서 1사이의 값을 가지며, 1에 가까울 수록 불평등이 심함

통계로 본 대한민국 70년의 기적(자료 : 통계청)

저자는 UNDP유엔개발계획에서 발간한 반부패전략서영어[9]를 시작으로 최근 2년 동안 6권의 책을 발간했다. 6권은 한 가지 공통점을 지니고 있다. '대한민국'에 관한 이야기다. 2차 세계대전이후 독립한 나라 중에서 왜 대한민국이 번영[10]할 수 있었는가의 이유를 썼다. 저자의 여섯 번째 책 '30년의 기적'은 이미 발간한 5권에서 부분적으로 다루었던 대한민국 번영의 원인과 이유를 종합적으로 정리했다. 따라서 이 책은 대한민국 번영의 완결판이라고 할 수 있다.

....

9 Practitioner's Note on Anticorruption Strategy, Euywhan Kim, UNDP SPC (Seoul Policy Center), 2020.10.

10 한국의 번영은 단지 물질적 성장에만 그치는 것이 아니라 개인의 자유와 인권이 보장되고 창의와 동기부여를 통해 개인과 사회가 함께 발전해 갈 수 있는 고도의 자유민주주의와 시장경제 시스템을 확립했다는 점에서 더욱 의미가 크다.

저자가 썼던 책들의 또 하나 공통점은 아무도 책을 사지 않는다는 것이다.[11] 그래서 저자는 '무명작가'다. 이번에 발간하는 '30년의 기적' 역시 아무도 사지 않을 확률이 높다. 저자가 무명작가이기 때문이다.

대한민국도 '무명작가'였다.

무명작가의 시절이 무려 4천년을 넘었다. 존재감도 영향력도 전혀 없었다. 아무도 대한민국에 관심이 없었고 궁금해 하지도 않았다. 그런 대한민국이 이제 수많은 나라의 관심을 받는 나라로 우뚝 섰다. 무명작가였던 대한민국이 핫hot한 베스트셀러 작가, 유명작가가 된 것이다. 무명작가의 설움은 겪어 보지 않은 사람은 모른다. 아무도 찾지 않고 어디에도 초대 받지 못한다. 그런 책과 저자가 있는지 조차도 모른다. '무명'이기 때문이다. 과거 대한민국은 그런 나라였다. 그런 나라가 어떻게 해서 지금과 같은 나라로 번영할 수 있었는지 궁금하지 않는가?

대한민국 번영의 원인에 대해서 한국사회에서 합의된 내용은 없다. 본격적으로 논의된 적이 있는지도 모르겠다. 어쩌면 무명작가인 저자의 졸저가 이런 문제의식에 최초로 접근한 책이 될 지도 모르겠다. 7가지로 대한민국 번영의 원인을 정리했다. 최대한 객관적인 사실팩트 위주로 썼다.

....

11 반부패전략서(Practitioner's Note on Anticorruption Strategy)는 비매품.

이 책은 학술서나 전문 서적이 아니다. 논쟁을 유발하는 일방적 주장을 담은 책은 더욱 아니다. 기존의 생각을 바꾸라는 것도 아니다. 쉽지는 않겠지만 이런 측면도 있음을 한 번 정도 살필 수 있는 여유(?)를 기대한다. 한 마디로 이 책은 우리나라의 발전과 번영을 이해하기 위한 입문서의 성격을 지닌다. 우리 현대사를 접할 기회가 많지 않은 젊은이들을 위해 주요 역사적 사실에 대해서는 이해를 돕기 위한 간단한 설명도 덧붙였다.

저자가 가장 역점을 둔 부분은 대한민국 번영의 결정적 원인 세 가지다. 미국과 박정희에 대한 평가가 대체로 긍정 반 부정 반인데 비해서 이승만에 대한 평가는 거의 100% 부정적이다.[12] 그래서 이승만에 대해서 좀 더 지면을 할애 했다. 이승만과 박정희 두 사람에 대한 부정적 평가는 지금도 넘쳐 나고 있다. 부정적 측면이 분명히 존재하지만 대한민국 번영에 기여했던 긍정적 측면이 더 크다는 사실을 기술했다. 그럼에도 독자들의 실망과 비판은 저자의 몫일 수밖에 없다. 다양한 의견과 기탄없는 비판을 기대한다.

....

12 미국 제16대 대통령 에이브러햄 링컨의 사례는 시사하는 바가 크다. 그는 남북 전쟁이란 국가적 위기를 극복했지만 상대당인 민주당과 노예해방에 반대한 남부지역 사람들에게는 혐오인물이었다. 암살되면서 동정과 재평가를 받았지만 그에 대한 반대세력의 비호감은 여전했다. 그러나 그가 죽은 지 57년 되는 해인 1922년 미국은 국민통합의 상징으로서 워싱턴에 극치의 균형미를 갖춘 상아빛의 링컨기념관을 지었다. 지난 7월 19일이 우남 이승만 서거 57주기였다. 이제 이승만이라는 인물을 역사의 장에 헌정해야 할 때가 됐다. 물론 아직도 좌파와 우파간 이승만에 대한 평가는 갈린다. 그러나 그가 영면한 지도 57년이 지났고 공과(功過)가 다 있지만, 공이 훨씬 많은 것으로 평가되고 있는 점은 국민 대다수가 수긍한다. 디지털타임스, [이규화의 지리각각] "대한민국 상징광장에 대한 민국이 없다", 2022.08.12.

이 책은 특히 10대부터 30대까지의 젊은이들이 읽기를 기대하며 썼다. 이 책만큼은 그들이 꼭 한 번 쯤 읽었으면 한다. 부모님들이 자녀들에게 권해주었으면 하는 것이 저자의 작은 소망이다. 그래서 우리 젊은이들이 자신의 조국 대한민국이 어떤 나라인지를 제대로 알고 자신의 조국을 더욱 소중하고 자랑스럽게 여길 수 있었으면 좋겠다.

늘 그렇지만 이 책이 나올 수 있었던 것은 여러 사람들의 고마움 덕분이다. 우선, 저자의 분신이라 할 수 있고 저자가 22년 동안 이끌어 오고 있는 전문가 모임 '포럼 더 나은 미래이하 포럼'[13]에 감사한다. 창립 23년 차에 접어든 포럼이 자랑스럽다. 외부 도움이나 후원 없이 100% 포럼회원들의 뜻과 정성으로 23년차에 접어든 포럼이 대견하고 고맙다. 이 책은 그동안 포럼 활동에 대한 감사와 보답의 의미가 담겨있다. 저자가 22년 동안 포럼에서 줄곧 토론해 온 내용들을 담았다. 포럼은 22년 동안 수많은 토론을 해 왔다. 그것은 대한민국의 번영을 염원하는 것이었다. '글로벌과 미래'라는 포럼의 일관된 주제는 대한민국 번영의 방향이었다. 다양한 분야의 서로 다른 생각을 지닌 회원들과 토론 했던 결과를 책으로 발간했다. 오랜 계

---

13 2000년 8월에 창립했다. 미국의 헤리티지 재단이나 브루킹스 연구소 같은 독립적이고 미래지향적인 싱크탱크를 염두에 두고 만들었다. '비영리, 비정치'를 표방하며 연간 40~50 회의 크고 작은 포럼(해외 포함)을 개최한다. 포럼에서 이루어지는 토론의 큰 주제는 '글로벌과 미래'이다. 우리의 생각과 행동이 세계를 향해 열려있고 미래지향적이 될 수 있도록 노력하고 있다. 정부나 특정기업의 후원 없이 독립적으로 운영하고 있다. 2011년 2월 포럼 전용 공간인'포럼 랩'을 마련했다. 포럼 4대 실천가치'겸손, 나눔, 배려, 헌신'과 포럼 슬로건(For the Better Future)과 같이 한국사회의 발전과 번영을 꿈꾸며 스스로를 준비시키는 전문가 공부 모임이다.

획을 실천에 옮길 수 있어서 저자 역시 기쁘다. 이 책이 나올 수 있도록 영감과 지적인 재료를 끊임없이 보내 주었던 포럼 회원들에게 지면을 빌어 다시 한 번 감사한다.

집필과정에서 크고 작은 도움을 준 아우 김영진 대표에게도 고마움을 표한다. 20년 가까운 시간 동안 변함없이 저자와 함께해 준 김영진 대표는 이번 발간에 큰 힘이 되었다. 책의 출판을 결심할 수 있었던 것은 역시 가족의 힘이었다. 늘 성원해주고 때로는 날카로운 조언으로 방향을 잃지 않도록 이끌어 주기도 했던 아내 박선영은 소중한 동반자이다. 어려서부터 스스로 자신의 미래를 열어 나갔고 이제 미국에서 경영학 교수를 꿈꾸며 살인적(?) 물가의 보스톤에서 박사과정중인 무남독녀 김푸름은 무명작가의 자랑이다. 『명상사 유상사』에 이어 이번에도 편집·디자인을 맡아서 최선을 다해준 인터북스의 명지현 디자이너에게도 깊은 감사를 드린다. 또한 갑작스런 저자의 부탁에 완벽한 표지 일러스트로 답해준 투핸즈아트의 김찬미 님 덕분에 한층 책이 빛날 수 있었다.

마지막으로, 저자의 졸고가 세상에 나올 수 있게 만든 자랑스러운 대한민국에게 감사한다. 오늘의 대한민국 번영이 있기까지 피와 땀으로 헌신한 수많은 분들의 희생과 노고에 이 책을 바치고 싶다.

2022.10.
무명작가 김의환

제1부
30년의 기적

I

기적의 시작

1. 왜 나는 '30년의 기적'이라고 부를까?
2. 왜 우리는 대한민국의 건국과 번영을 자랑스러워하지 않을까?
3. 왜 나는 안타깝고 절박한 심정으로 이 책을 썼을까?

1
왜 나는 '30년의 기적'[1]이라고 부를까?

경영학 분야의 세계적 석학이자 구루Guru라고 불리는 피터 드러커 교수는 한국의 발전상에 대해 격찬을 아끼지 않았다. 특히 그는 1950년에 일어난 6.25 전쟁 직후 한국을 방문해서 한국의 실상을 직접 경험했다. 그는 그의 책에서 30년 후 한국을 다시 방문했던 소감을 아래와 같이 말했다.

> "한국의 성취를 세계 다른 나라와 비교해보면 더욱 놀랍다. 한국이 1950년대부터 1980년까지 단 30년간 일궈 낸 경제성장과 성취는 영국과 프랑스가 200년에 걸쳐 이룬 것과 같다. 또한 독일과 미국이 70년, 일본이 100년간 이룬 성취와 같다. 내가 한국을 처음 방문한 1953년부터 1980년까지 한국이 경험한 사회변혁과 성취는 세계 역사상 그 속도와 깊이에 있어서 전례가 없는 것이다."[2]

....

1 이승만 대통령이 대한민국을 건국하고 이끌었던 1948년부터 1960년까지의 12년과 5.16 군사혁명을 거쳐 박정희가 정권을 수립하고 통치했던 18년, 두 사람의 집권 기간을 합하면 30년이 된다.
2 피터 드러커, 『이노베이터의 조건』, 청림출판, 2001

'30년의 기적'은 이승만, 박정희에 의해 이루어졌다.[3]

'30년의 기적'은 대한민국 건국부터 30년을 일컫는다. 1948년부터 1979년까지다. 두 사람에 대한 엇갈리는 평가를 감안하더라도 대한민국 70년[4] 역사에서 두 사람이 이룩한 업적과 성과[5]는 무시할 수 없다. 피터 드러커가 언급했듯이 1948년 건국 후 이루었던 30년의 성

....

3 광화문광장은 대한민국 성립 및 발전과 떼려야 뗄 수 없는 장소다. 광화문광장 상징성이 대한민국의 건국과 함께 발전과 연계돼 있는 만큼, 이승만 대통령과 더불어 박정희 대통령과의 관계도 밀접하다 할 수 있다. '과거강박'이라 할 만큼 온통 '조선'뿐인 광화문 광장에 대한민국 역사에서 가장 중요한 두 인물인 이승만 대통령과 박정희 대통령 동상을 세우는 것을 검토할 필요가 있다. 백배 양보해 적어도 그 두 인물 가운데 이승만 대통령의 동상은 광화문 광장에 세워져야 한다고 본다. 디지털타임스, [이규화의 지리각각] "대한민국 상징광장에 대한민국이 없다", 2022.08.12.

4 대한민국은 1948년 8월 15일 정부수립으로 건국되었다. 2022년 7월 현재 건국 74년이 되었다. 아직 역사가 채 100년이 안 된 신생국가 대한민국이다.

5 이승만 건국 대통령은 공산주의 세력이 압도적이었던 해방 후 상황에서 미국의 도움을 받아 자유민주주의를 이 땅에 정착시켰다. 문맹률이 80% 넘었던 1950년대 초에 헌법을 개정해서 남녀노소 모든 국민에게 투표권을 부여하는 보통선거제도를 실시했다. 6.25 전쟁이 일어나기 직전에 과감하게 토지개혁을 단행해 봉건 식민 상태의 지주제를 혁파하고 식량자급을 통한 경제 토대를 다졌다. 또한 문맹 상태인 국민들을 위해서 초중고 및 대학을 획기적으로 늘리고 교육기회 확대를 통해 1950년대 말에는 식자율(문자 해독률)을 90%이상으로 높였다. 또한 과학자, 장교와 대학생 수 만 명을 미국으로 유학 보내 경제발전의 초석이 되게 했다. 이승만이 키워낸 양질의 인력은 1960년대 박정희가 이끌었던 경제성장의 견인차가 되었다. 막대한 해외 원조를 권력자들의 가족이 착복하고 국내의 부를 해외로 빼돌린 부패한 지도자들과 달리 박정희는 모든 원조와 생산된 부를 경제발전에 투자했다. 대기업을 육성시키고 국적 기업을 키워냈다. 그 기업들은 글로벌 대기업으로 성장해서 대한민국을 세계에 빛내게 된다.

과는 우리보다 앞선 다른 나라들의 경우에도 100년 이상이나 걸려서 성취한 것들이었다.[6] 이승만과 박정희의 소망은 대한민국을 오직 자유롭고 부강한 나라로 만드는 것이었다. 참혹한 역사의 교훈[7]을 잊지 않았던 두 지도자의 헌신과 뛰어난 역량으로 기적이 일어났다. 이승만에서 박정희로 이어지는 '30년의 기적'이다. 마치 로마가 카이사르에서 아우구스투스옥타비아누스로 후임 승계가 이루어짐에 따라 팍스 로마나[8]의 위업을 이루게 된 것을 연상시킨다. 카이사르와 옥타비아누스의 승계가 로마제국의 가장 성공적인 승계였다면 이승만에서 박정희로의 승계[9]는 한반도 5천년 역사에서 가장 빛나는 승계였다.

이승만의 외교 역량으로 공산화 위기에 처한 한국을 UN과 미국을 통해 구해 내었다면 박정희는 수 백 년 동안의 모진 가난과 굶주림으

· · · · · · · · · · · · · · · · · ·

6 산업혁명은 영국이 시작한 1760년 전후로 간주되는 것이 일반적이다. 그 시절 독일은 2,000 여개 영주가 다스리는 군소 지역에 불과했다. 일본은 영국보다 100년이 늦은 1868년 메이지 유신으로 근대화가 시작되었다. 한국은 일본보다도 100년이 늦어 1960년대가 되어서야 근대화에 비로소 합류하게 되었다. 이 때 한국의 공무원과 기업인들이 선진문물을 견학하고 배우러 갔던 나라가 필리핀, 파키스탄이었다.

7 조선은 일본 제국주의에 합병됨으로써 519년 왕조의 종말을 맞았다. 한반도는 1910년부터 1945년까지 36년간 일제의 식민지로 전락하였다.

8 '로마에 의한 평화'를 의미.

9 물론 두 사람사이에 공식적인 승계는 없었다. 실제로는 로마의 경우와는 반대로 박정희에 의해서 이승만은 철저하게 부정되고 격하되었다. 그러나 대한민국의 번영에 두 사람의 역할은 결정적이었다. 카이사르와 아우구스투수의 승계와는 성격이 다르지만 대한민국 번영을 이어갔다는 의미에서는 승계라고 부를 수 있을 것이다.

로부터 벗어나게 했다. 고립과 폐쇄 속에서 살아온 한반도가 세계를 향해 열리게 된 것이다. 이승만과 박정희가 만들어 낸 '30년의 기적'으로 '자유와 번영'이라는 씨앗이 대한민국에 뿌리 내리게 되었다.

'30년의 기적'은 대한민국 번영의 초석

대한민국 70년사에서 초기 30년은 결정적이었다. 그 당시 대한민국은 어떤 모습이었을까? 36년 동안 일본의 식민지를 겪었던 나라, 국민의 80%가 한글조차 읽지 못했던 나라가 1948년 건국한 대한민국이었다. 그러나 공산주의 소련의 방해[10]로 건국조차 힘든 상황이었다. 건국하자마자 터진 3년 동안의 6.25 전쟁으로 잿더미가 되었다. 대한민국은 세계에서 가장 가난하고 힘이 없던 나라였다.

유럽이 아시아를 비롯한 전 세계에 식민지를 만들게 된 것은 19세기 산업혁명의 결과다. 산업혁명 당시 평균 경제 성장률은 1.1%

....

10 1948년 8월 15일 건국한 신생 대한민국은 유엔에서 독립국 승인을 받기 위해 9월 대표단을 파견했다. 그러나 소련 대표인 안드레이 비신스키 외무장관의 노골적인 필리버스터 공작에 가로막혀 3개월째 안건 상정조차 하지 못하고 있었다. 총회 마지막 날인 12월 12일에도 비신스키의 2시간 연설에 이어 소련 위성국가 대표들의 연속 발언에 의한 필리버스터 계획이 준비돼 있었다. 하지만 비신스키가 15분 만에 극심한 치통과 함께 성대결절이 와 병원에 실려 가는 예기치 않은 상황이 발생했다. 이 틈에 안건이 상정돼 찬성 48표, 반대 6표, 기권 1표로 건국을 인정받았다. 이때 반대 6개국 중 하나가 지금은 우리나라의 우방으로 바뀐 폴란드다. 윤성민, 한국경제, [천자 칼럼] 反轉(반전)의 한·폴란드 관계, 2022.08.01.

정도라고 한다. 이 정도의 성장률임에도 혁명적이라고 불렸다. 왜냐하면 산업혁명 이전에는 0% 또는 0.1%가 보통이고 마이너스 성장도 많았다. 1954~2018년 중 한국 경제의 연평균 실질 GDP 성장률은 7.2%로 집계되었고 1인당 GNI 증가율은 연평균 10.0%에 달한 것으로 나타났다.[11] 1년에 1% 성장하는 국가의 경우 60년이 지나야 소득이 2배가 된다. 한국은 같은 기간 64배가 성장했다. 엄청난 성장속도다. 지구상에서 유일한 경우다. 도시국가 싱가포르와 인구가 한국보다 훨씬 작은 대만이외는 비슷한 예가없다. 왜 한국은 이렇게 성장할 수 있었을까?

세계 모든 개도국들이 어떤 식으로든 경제발전을 시도 했음에도 불구하고 장기적으로 고도성장을 유지한 사례는 한국과 대만 정도뿐[12]이다. 지금은 경제성장이 이루어 낸 성과를 당연시 하지만 경제성장은 단순히 잘사는 것에 그치지 않는다. 질병, 유아 사망률 등 인간의 수명에 직결된다. 우리나라의 1950년대와 1960년대만 해도 집집마다 2~3명씩 어린 아기들이 죽어 나갔다. 마르크스주의에 따르면 자본주의는 노동자의 희생과 착취를 통해 발전한다고 한다. 노동자가 희생당하고 착취당했던 아시아, 남미, 아프리카 그리고 아랍 등 과거 식민지였던 나라들 중 제대로 경제성장을 한 나라가 몇 나

----

11 [전문가 10인, 한일 경제력 비교] "1962년 가봉 - 가나보다 못살던 한국…1970년 필리핀 - 2005년 대만 앞질러", 동아일보, 2012.09.19.

12 1960년대 이후 고속성장한 국가로는 한국, 대만 외에 아시아의 4마리 용이라고 불리는 홍콩, 싱가포르가 있지만 둘 다 도시국가에 불과하여 비교대상으로는 적절하지 못하다.

라일까? 거의 없다가 정답이다. 그렇다면 경제발전에 성공한 나라와 실패한 나라의 결정적인 차이는 무엇일까? 그것은 노동자를 착취(?)해서 빨아들인 부富를 어디에 사용했느냐에 달려있다.

한국은 산업, 교육, 설비, 철도, 항만, 도로 등 인프라에 투자했다. 동일한 조건이라도 누가 어떤 정책운용을 했느냐에 따라 결과는 엄청나게 달라진다. 미국과 UN의 경제 원조를 받은 국가는 많다. 그러나 원조를 받아 성공한 국가는 찾기 어렵다. 한국은 원조를 받던 국가에서 원조하는 국가로 바뀐 최초의 국가다.[13] 신각수 외교통상부 2차관은 "제2차 세계대전 후 원조를 받은 대부분의 국가는 부패한 정치 환경 등으로 밑 빠진 독에 물 붓기 꼴이 됐지만 한국만 그

....

13 11월 25일 우리나라가 경제협력개발기구(OECD) 개발원조위원회에 가입한다. 1945년 광복 이후 1990년대 후반까지 원조를 받던 우리나라가 개발도상국을 지원하는 '원조 선진국'으로 탈바꿈하는 것이다. 1969년 우리나라는 당시 돈으로 8백억 원에 가까운 지원을 국제사회로부터 받았다. 정부 예산 규모가 3천억 원에 불과하던 시절임을 감안하면 국제사회의 공적개발원조(ODA)로 '연명'했다는 표현이 적합한 대표적인 '수원(受援)국' 신세였던 셈이다. 이 돈은 각종 사업에 투입되면서 경제개발의 종잣돈 구실을 톡톡히 했다. 우리나라는 DAC(개발원조위원회) 가입국 중에서 국제 원조를 받다가 주는 나라로 성공적인 변신을 한 유일한 사례. 40년이 지난 2009년, 우리나라는 한 해 9천3백50억 원(지난해 기준)을 동남아시아, 아프리카, 남미 등의 개발도상국에 지원하는 '원조 공여(供與)국'으로 탈바꿈했다. 그리고 11월 25일 우리나라는 원조사(史)에 한 획을 그을 또 다른 도약을 하게 된다. 프랑스 파리에서 열리는 경제협력개발기구(OECD) 특별회의에서 '개발원조위원회(DAC)' 정식 멤버로 가입하게 되는 것이다. "원조받던 나라에서 원조하는 나라로 : 한국, OECD 개발원조위원회 가입 … 세계 첫 사례", 위클리공감, 2009.11.23. (출처 : 대한민국 정책브리핑, www.korea.kr)

수렁을 빠져나왔다"며 "국제무대에서도 원조 역사를 다시 썼다는 평가를 받는다"고 말했다.[14] 2021년 말에 유엔무역개발회의UNCTAD가 한국의 지위를 개발도상국에서 선진국으로 변경했다. 유엔무역개발회의UNCTAD는 개도국의 산업화와 무역을 지원하는 기구인데, 1964년 설립 이래 한국이 개도국에서 선진국으로 변신한 첫 사례였다.

박정희의 대기업 정책이 번영에 결정적 역할을 했다.

문재인, 노무현 정권 등 소위 진보세력은 대기업, 재벌위주 경제 정책을 비판한다. 중소기업 중심으로 가야한다고 외친다. 유럽의 강소기업을 따라 해야 한다고 한다. 독일, 스위스, 이태리 북부는 유럽에서 중소기업이 가장 밀집된 지역이다. 공장이 많고 부가가치가 높은 소재, 부품과 정밀기계 등을 만들고 있다. 그러나 100년에서 200년이 걸려 몇 세대를 이어온 기술이 집적된 결과다. 기술 DNA가 축적되어야 한다. 1960년대 기술, 자본, 자원이 전혀 없었던 한국은 중소기업으로 성공할 수 없었다. 한국이 중소기업 위주 성장정책을 계속했다면 지금쯤 티셔츠나 신발 정도 만들고 있을 것이다. 기술력이 전혀 없는 상태에서 언젠가 세계 시장에서 고부가 가치 제품으로 당당하게 경쟁하겠다고 생각했다면 대기업 중심으로 갈 수 밖에 없었다. 박정희 시절 중화학을 육성하고 대기업을 키운 것이 오늘날 성공과 번영의 가장 큰 원인이다. 특히 한국 국적 기업인 대기업을 키운 것이야 말로 결정적이다.

....
14 위의 글.

수출기업이 있느냐가 중요한 것이 아니라 그 나라의 국적을 가진 국적 기업이 있느냐가 중요하다. 브라질, 멕시코 등에는 세계적인 다국적 기업이 있어서 수출용 물건을 만들고 있다. 명목상 통계만 보면 그 나라들도 모두 수출 대국에 속한다.[15] 그러나 브라질, 멕시코 국적의 세계적인 글로벌 대기업은 없다. 한국과 결정적인 차이다. 국적기업은 자국의 투자, 고용, 소득을 높이고 국민경제를 발전시키는데 실질적으로 기여한다. 삼성, 현대, SK, LG, 포스코, 롯데 등 수많은 국적 기업과 글로벌 대기업을 가진 대한민국이 세계로부터 주목을 받는 이유다.

저개발국가의 정부주도 성장은 투자된 자금이 생산적인 분야로 흘러가지 못하고 대부분 권력자들과 그 주변 인사들의 부패로 사라지게 된다. 그래서 해외로부터 얻어온 귀한 원조 자본이 재투자되어서 경제가 성장하는 선순환이 생겨나는 경우가 드물다. 대부분 부패한 관료와 그들과 결탁한 기업인들이 착복하기 때문이다. 따라서 국민의 생활수준도 전혀 개선되지 못한다. 오직 한국만 부족한 자본을 지속적으로 재투자하여서 경이적인 경제성장을 거두었다. 기업인과 정부 그리고 국민이 혼연일체가 됨으로써 가능했던 한 편의 드라마였다. 양반 가문이나 전쟁고아를 가리지 않고 오직 '잘 살아보세'라는 국민적 공감대 속에서 하나가 되어 일치단결했던 결과였다. 그런 국민적 통합과 일치를 이루어냈던 리더십을 다시 평가해야하는 이유다. 박정희 리더십의 결과였다.

....
15 GDP(명목총생산 규모) 브라질 세계 11위, 멕시코 세계 14위. 2020년 한국은행.

대한민국에서는 두 지도자를 모두 독재자로 부른다.

독재를 한 것이 사실이다. 그래서 독재자라고 불리는 것이다. 한 가지 흥미로운 사실은 독재의 기간이나 정도에 있어서 박정희가 이 승만에 비해 훨씬 심했다. 그러나 일반적으로 이승만은 오직 독재자 로만 인식되고 있고 박정희는 독재와 함께 그가 이룬 경제적 성과도 함께 언급되는 점에서 차이가 있다. 그런데 그 두 사람은 독재는 했 으나 다른 나라의 독재자들과는 많은 점에서 달랐다. 대한민국의 미 래를 위해 불철주야 노력했던 두 지도자는 다른 나라 독재자들에 비 해 자신의 편안한 삶에 대해서는 무관심 했다.[16] 그들은 오직 자신의 조국 대한민국을 위해 헌신했다. 두 사람 모두 비극적으로 삶을 마 쳤다. 측근에 의해 암살되었던 박정희. 그러나 건국의 아버지 이승 만 대통령의 생애는 더욱 비극적이었다. 그는 생전에 그토록 그리던 조국에 돌아올 수 없었다. 결국 하와이 어느 요양원에서 숨을 거두 게 된다. 철저한 반일 애국지사였던 그는 자신의 유해가 일본 상공 을 지나는 것을 유언으로 막았다.[17]

....

16 술을 즐기는 박정희는 양주 중에서 유일하게 시바스 리갈을 좋아했다. 이유는 가장 싼 양주였기 때문이다. 가난한 나라의 지도자가 비싼 양주를 마실 수는 없다고 그는 생각했다. 박정희가 대통령이던 시절 국무총리를 비롯한 모든 고 위직들도 양주는 시바스 리갈만 마셔야했다. 시바스 리갈을 마시는 독재자는 한국을 제외하고는 어느 나라에도 없었다. 그 술은 가장 싸구려 양주였다.

17 하와이에서 서울로 비행 하는 직선 항로는 일본 열도를 관통한다. 그러나 이승 만은 생전에 일본 열도를 지나지 않도록 하라고 당부해 결국 그의 유해를 실었 던 비행기는 웨이크 제도를 통해 일본 열도를 우회하게 된다.

'이승만'이라는 이름은 한국 사회에서 '나쁜 사람'의 대명사였다. 그런 시간이 거의 40년 동안이나 지속되었다. 박정희에 대해서도 그의 죽음이후에 비판과 비난이 계속되었다. 두 사람의 업적과 성과를 지우고 부정하려는 시도와 노력이 오랫동안 광범위하게 이루어졌다. 그러나 두 사람이 쌓았던 30년의 시간들은 한반도 5천년 역사를 통털어서도 큰 의미를 지닌다. 그만큼 위대한 업적인 것이다. 아무리 부정하고 부인해도 그 두 사람이 만들어낸 기적과 성공의 역사를 지울 수는 없다.

놀랍게도 우리는 대한민국의 초석을 만든 인물의 장점은 보지 않는다.

단점만 본다. 그 단점만을 계속 부풀리고 키워간다. 새로운 먹거리를 만들지 못하고 더 나은 것을 창조하지 못하고 오직 과거의 업적을 부정하고 부수기만 했던 자들이 나라를 이끌기도 했다. 허황된 평등과 정의라는 거짓 선동만 일삼았던 무능하고 한심한 세력이 대한민국을 지배하고 있었을 때에도 대한민국은 기적적으로 버티었다. 대한민국의 초석이 워낙 탄탄하기 때문이다. 세계 최 빈곤 국가 한국을 미국의 동맹국으로 만들어낸 외교의 신 이승만의 12년, 돌맹이 뿐인 땅에서 한강의 기적을 일구어 낸 박정희의 경제발전 18년이 바로 그 초석이었다. 대한민국은 그 30년을 바탕으로 지금의 번영을 이루어 내었다. 세계가 놀라는 '30년의 기적'이다. 이승만이 확보한 '자유', 박정희가 이룩한 '경제성장', 이 두 가지가 우리가 앞으로도 이어가고 발전시켜야할 소중한 자산들이다.

아무나 대통령은 될 수 있다. 그러나 아무나 성공할 수는 없다.

대한민국의 발전과 번영은 탁월한 지도자가 있었기에 가능했다. '30년의 기적'을 기리고 되새겨야 하는 이유다. 또 다시 그런 역량을 갖춘 리더가 대한민국을 이끌어 가는 날이 와야 한다. 준비 안 된 리더, 생각의 방향이 잘못된 리더, 국제적 역량과 실력을 갖추지 못한 리더로 인해 대한민국은 불필요한 낭비와 후퇴를 거듭해야만 했다. 이제는 그런 어리석음을 끊어 내야한다. 리더는 갑자기 나타나지 않는다. 준비하고 길러 내야한다.[18] '30년의 기적'이 한국에서 또 다시 나타나기 위해서는 제대로 된 리더를 길러내는 시스템이 무엇보다도 절실하다.

....

18 김의환, 『멍상사 유상사』, 인터북스, 2021.

2
왜 우리는 대한민국의 건국과 번영을
자랑스러워하지 않을까?

요즈음 일요일이면 수 백 명의 필리핀 근로자들이 혜화동 성당 부근에 모여든다. 이국생활의 고단함을 함께 나누기 위해서다. 1963년에 우리나라 광부가 서독으로 떠날 무렵 필리핀의 1인당 GNP는 350달러, 한국은 104달러였다. 필리핀은 한국 기준으로는 아득한 선진국이었다. 선진 필리핀은 한국에 쌍둥이 건물^{현재 미국 대사관, 국립 역사박물관}을 지어주었다. 1960년대의 한국은 지금 안산공단 부근에서 곧잘 마주치는 근로자들의 모국인 파키스탄으로 제철소 건설과 운영의 노하우를 배우기 위해서 시찰단을 보냈던 나라였다.

1960년대 초 UN 회원국은 129 개국이었다. 소련의 반대로 우리나라는 UN에 가입할 수가 없었고 UN의 옵저버 국가였다. 당시 1인당 국민소득순서로 하면 인도가 최하위였고 한국은 인도 바로 앞이었다. 1963년에 국민소득이 마침내 100달러를 넘었다. 이 100달러가 되기까지 단군 할아버지로부터 무려 4,300년이라는 긴 세월이 필요했다.

1950~1960년대 파키스탄 모습
당시 한국에 비하면 선진국의 모습이다.

대한민국은 성공한 나라다

2차 대전 후 후진국에서 경제적으로 선진국이 된 유일한 사례다. 인구 5천만이 넘고 1인당 소득이 3만 달러가 넘는 일곱 나라중 한 나라다.[1]

인구 5000만 명 이상 국가
GNI 3만 달러 달성 시기

일본	1992년		$30,000	
독일	1995년	프랑스	2004년	
미국	1997년	이탈리아	2004년	
영국	2002년	한국	2018년	

30-50(인구 5천만 이상, 소득 3만 불 이상) 7개국 국가별 가입 시기

모순과 그늘도 있었지만 그럼에도 긍정의 기능이 컸기에 오늘 이 만큼 우리가 잘 살고 있는 것이다. 그런데 우리는 우리를 너무 모른다. 알려고 하지 않는다는 표현이 맞을지도 모른다. 이해하기 어렵지만, 대한민국이 어떻게 해서 성공하고 발전했는가에 대한 기록이

....

1 인구가 5천만 명이 넘는 국가 중 1인당 GDP가 30,000달러를 넘는 국가는 모두 일곱 개 국가인데 미국, 일본, 독일, 영국, 프랑스, 이탈리아 그리고 한국이다. 또한 한국은 IT, 제조업, 철강, 조선, 화학, 정유, 플랜트, 전자, 자동차 및 반도체 등 모든 산업에서 미국, 일본과 독일에 이은 제조업 강국이기도 하다.

없다. 이와 관련한 종합적이고 객관적으로 정리된 책을 찾기도 어렵다. 분명히 성공하고 번영한 역사임에도 우리가 이루었던 소중한 역사를 정리한 기록을 찾기가 어렵다.

1948년 건국 후 지금까지 70여 년을 몇 단어로 요약하면

지금 60세를 넘은 사람들은 가장 가난한 나라에서 태어나서 선진국 반열에 오른 대한민국에서 살고 있는 세대이다. 1948년 대한민국 건국 후 지금까지 70여년을 몇 단어로 요약해 보면 『보릿고개·6.25 전쟁·산업화·민주화·97년 외환위기·'08년 금융위기·한류·글로벌·대기업·스포츠』 등으로 요약이 가능하다. 대단한 대한민국이다. 바이오, 반도체, 스마트폰, 자동차, 가전제품, 원전, 항공기, 조선, 고속철도 등의 기술을 모두 보유하고 관련 제품을 생산할 수 있는 국가는 흔하지 않다. 좌파정권에서 성공의 기억을 지우는 과정도 겪어봤지만 대한민국은 오뚝이처럼 다시 일어섰다.

2017년부터 2019년까지 뉴욕 맨해튼에 위치한 UNDP에서 근무할 때였다. 하루에도 몇 번씩 뉴욕 UN본부 정문 출입 때 마다 느꼈던 가슴 벅찼던 단어는 "코리아"였다. 코리아라는 말을 들을 때, 내 조국 코리아에 대해서 외국 사람들에게 말할 때 마다 당당하고 자랑스러움이 내 몸 가득 느껴지곤 했다. 네덜란드 사람들은 외국에 갔다가 자신의 나라 공항에 도착하면 "지구상에서 가장 완벽한 나라로 마침내 돌아왔다."라고 하며 기뻐한다고 한다. 한국인들은 자신의 조국에 대해 어떻게 생각하고 있을까? 안타깝지만 네덜란드 사람들 같지는 않은 것 같다. 대한민국 바깥의 모든 나라들이 대한민국을 성공한 나라라고 말하는 데 한국의 좌파정권과 그 지지자들은 "태어나서는 안 될 나라, 반칙과 불공정이 판치는 나라"라며 스스로를 부정하고 비하하기도 했다. 그러나 대한민국은 2차 대전 이후 독립한 80여개 나라 중에서 가장 성공한 나라다.

2차 대전 후 건국한 나라들 중에서 가장 빛나는 나라, 대한민국

지구상에 193개 나라UN 회원국 기준가 있다. 이들 나라 중 경제적, 정치적으로 자유가 보장되며 높은 수준의 생활을 누리는 나라는 얼마나 될까? 20개 나라뿐이다.

- 아시아(2): 한국, 일본
- 아메리카(2): 미국, 캐나다
- 아프리카: 없음
- 유럽(14): 스웨덴, 핀란드, 노르웨이, 덴마크, 벨기에, 네덜란드, 독일, 오스트리아, 스위스, 이태리, 영국, 스페인, 포르투갈, 아일랜드
- 대양주 (2): 호주, 뉴질랜드

대부분의 한국인은 한국 아닌 다른 나라, 다른 세계는 잘 모른다. 그런데 문제는 자신의 나라가 어떤 나라인지 어떻게 해서 번영하게 되었는지도 모르고 있다는 점이다. 자신이 소유한 물건의 경우에도

그것이 무가치하거나 싸구려일 경우 소중하게 여기지 않는다.

자랑스러운 나라 대한민국

지구촌 대부분의 나라들이 대한민국을 놀랍게 생각한다. 1945년 UN이 창립된 이후에 UN으로부터 원조를 받은 나라 중에서 가장 번영한 나라이기도 하다. 경제가 세계 10위에 오른 것도 대단하지만 자유민주주의를 유지하고 있는 소수의 나라중 하나다. 중국[2]의 압도적 영향을 받았음에도 자유민주주의 체제를 지키며 번영한 유일한 나라다.[3] 식민지를 겪고 전쟁으로 잿더미가 된 나라가 반쪽으로 동강나서 아직도 남북이 서로에게 총부리를 겨누고 있다. 그런 상황이 계속되고 있음에도 세계 모든 나라들이 경이롭게 여기는 엄청난 성공과 발전을 이루어 내었다.

....

2 중국은 공산주의에다 독재에 가까운 권위주의 체제다. 작은 나라를 괴롭히거나 돈으로 회유하는 힘이 센 큰 나라일 뿐이다. 강압적인 힘으로 동·남중국해의 공해와 인도·태평양으로 세력 확장을 시도하고 있다. 자유와 언론이 보장되는 대한민국과는 전혀 다른 나라다. 우리에게 중국은 협력 대상이기도 하지만, 러시아와 북한 등과 함께 때론 반대편에 설 수도 있다. [김민석의 Mr.밀리터리] "글로벌 플레이어로 부상한 한국, 도전해야 기회도 있다", 중앙일보, 2022.07.14.

3 중국과 국경을 맞대고 있는 나라 중에서 자유민주주의로 번영한 나라는 단 한 나라도 없다. 대부분 공산주의 국가 또는 사회주의이며 독재국가들이다.

서울시내 공원 모습(양재천)
뉴욕 센트럴 파크나 런던의 하이드 파크에 못지않은 아름다움을 지니고 있다.(저자촬영, 2022)

일류와 이류의 차이는 기록을 남기느냐의 차이일 수도 있다

실증주의 역사가 랑케는 역사는 있는 그대로를 기록하는 것이라고 했다. 그러나 '역사란 무엇인가'의 저자 E.H. 카에 따르면 역사는 해석하는 자의 몫이라고 했다. '모든 역사는 현대사'라는 이태리 역사가 크로체의 말도 가슴에 와 닿는다. 여기에서 역사 서술방식에 대해 길게 논의 할 수는 없다. 그러나 한 가지 분명한 것은 어떤 관점을 택하든 역사의 재료사료인 기록은 존재해야만 한다는 사실이다. 역사는 기록하는 자의 것이라고 말하고 싶다. 그만큼 기록이 중요하다. 기록이 없다면 역사도 없다. 기록이 없다면 실증주의든 역사주의든 상대주의든 그 어떤 주장도 불가능하다.

대헌장이라고 불리는 13세기 영국의 마그나카르타는 영국 민주주의의 원조 격으로 불린다. 그러나 '대헌장'이라는 말과 달리 대헌장은 엄청난 분량의 문서는 아니었다. 반대파들로 인해 수세에 몰린 영국 존 왕이 자신의 권력 일부를 제한하겠다고 밝힌 내용 몇 가지 뿐이다. 명예혁명이라고 불리는 1688년에 와서야 비로소 민주주의의 가능성을 볼 수 있게 된다. 마그나카르타가 기록으로 남아 있기 때문에 '대헌장'이라는 대접을 받게 된 것이다. 기록의 힘이다.

미국을 생각 할 때면 떠오르는 단어가 'Archive기록'다. 연방정부는 물론 미국 시골 작은 행정단위에 가도 어디에나 기록관이 있다. 조지 워싱턴의 생가 마운틴 버논과 3대 대통령 제퍼슨의 몬티첼로 그리고 링컨 대통령이 연설했던 게티즈버그를 비롯해 미국은 자신의 역사에 대해 끊임없이 기록한다. 또한 그것들을 연구하고 수많은

2달러 지폐 뒷면의 독립선언문 그림 서명자 56명 전원이 '건국의 아버지들'이다.

스토리를 만들어 낸다. 역사속의 위대한 인물들을 기리며 그들을 널리 알린다. 현재에도 미국인들은 건국의 아버지[4]를 비롯한 자신들의 위인들과 함께 호흡하며 살고 있다.

미국과 한국 두 나라는 공통점이 거의 없다. 굳이 공통점을 찾는다면 두 나라 모두 과거 식민지였다는 사실과 현재는 자유민주주의 국가라는 정도다. 수많은 차이점 중에서도 미국이 한국과 가장 다른

....

4 미국의 초대 대통령 조지 워싱턴은 대륙총사령관으로서 영국과의 독립 전쟁을 승리로 이끌어 국토를 지키고 민주헌법으로 미합중국을 세웠다. 모든 것이 '국부'의 조건에 부합된다. 그러나 미국은 '미국 건국의 아버지들'이라고 부른다. 어느 특정인을 가리키는 말이 아니라, 미국 독립전쟁에 기여한 사람들로 건국 초기 대통령 5명을 포함하고, 대륙회의 연합 규약, 독립선언서, 연합 규약, 미국 헌법에 참여, 서명한 13개 주의 대표 정치인과 관련된 남성들을 일컫는다. 서명자 56명 전원이 '건국의 아버지들'이다. 이 기준에 따르면 대상자는 147명이며, 이밖에도 1765년 버지니아 식민지회의 의원이 되어 독립운동에 앞장서고 "자유가 아니면 죽음을 달라!"는 명언을 남긴 패트릭 헨리도 '건국의 아버지'로 불린다. 이승만과 김구, 누가 국부(國父)인가? '끝나야 할 역사전쟁' 저자인 김형석 박사의 글이다.(편집자 주), 최보식의 언론, 2022.08.17.

점은 정파와 이념이 달라도 미국을 건국한 '건국의 아버지'들을 부정하지 않는 것이다. 참으로 부럽다. 이런 점에서 우리 현실은 착잡하다. 우리에게는 대한민국 건국은 있었지만 미국처럼 온 국민이 존경하고 기리는 건국의 아버지는 없다. 자신이 태어나고 성장한 나라의 건국에 대해서는 긍정적으로 말하는 것이 일반적이다. 중국인들이 대표적이다. 인권과 자유가 없는 공산당 치하에서 살고 있지만 각종 조사결과나 지표를 보면 자기나라에 대한 자부심과 애정이 넘쳐 난다. 너무 애국심으로 똘똘 뭉쳐 있어서 주변의 다른 나라 국민들이 위기감을 느낄 정도다.

중국에는 없는 자유와 인권이 보장되지만 한국인들은 자기 나라에 감사 하지 않는 듯하다.[5] 번영한 대한민국을 자랑스럽게 생각하지 않는 것 같다. 자신이 태어났고 살고 있는 나라가 감사하고 자랑스럽다면 그런 내용의 책과 글들이 넘쳐 나야 한다. 미국에서 위인을 꼽으라면 기업인이 많이 선정된다. 미국의 번영과 성공에 기여했다고 생각하기 때문이다. 미국만큼은 아니더라도 한국에도 훌륭한

....

5 1948년 대한민국 건국의 아버지들은 구한말의 패망과 일제 강점의 질곡(桎梏)을 딛고 비로소 나라다운 나라를 만들어 보겠다고 제헌헌법을 제정했다. 그로부터 73년, 한국은 유엔 기구가 공인하는 선진국이 됐다. 세계에서 최빈국 중하나였던 나라가 선진국으로 도약한 유일한 사례다. 다른 나라는 없는 역사도 만들고, 명분 없이 벌인 전쟁도 미화하면서까지 국민적 자긍심을 키우려는 터. 엄연한 역사마저 왜곡해 자랑스러운 나라를 폄훼하는 자학 개그는 그만하라. 그것도 못 하겠다면 '태어나지 말았어야 할 나라'라고 비하하면서, 그런 나라의 권력을 잡아보겠다고 아등바등하는 이중적 행태라도 멈추라. 1948년 오늘은 제헌국회가 헌법 제정을 의결한 날이다. [박제균 칼럼] "태어나선 안 될 나라", 동아일보, 2021.07.12.

기업인이 많이 나타났다. 그러나 그들을 부자라고는 여기지만 존경할만한 사람이라고 생각하는 한국인은 별로 없다.

한국의 번영과 성공을 비판하는 책은 많다.

번영과 성공의 과정이 불공정하고 불평등했다는 주장도 많다. 재벌대기업들이 특혜를 받고 부패했다는 비난도 끊이지 않는다. 노동자를 탄압하고 있다는 비판도 여전 하다.[6] 그러나 대한민국의 성공과 번영을 자랑스러워하는 책은 별로 없다. 대한민국이 이렇게 잘살고 발전했다는 사실에 감격스러워하는 책도 보질 못했다. 수많은 개도국, 후진국, 저발전국가 중에서 어떻게 해서 대한민국이 번영할 수 있었는가에 대한 이야기도 듣지 못했다. 대한민국이 자랑스러운 나라임을 초중고에서 아이들에게 가르치지도 않는다고 한다. 대한민국이 번영한 나라라는 사실을 모르고 있거나 그렇지 않다면 대한민국이 번영한 나라가 아니라고 생각하는 사람들이 많기 때문일 것이다. 참으로 놀라운 일이다.

역설적이지만 일본 식민지로 전락한 조선에 대한 연구와 책들은 엄청나게 많다. 519년이라는 긴 역사를 지닌 왕조였던 조선이지만

....

6 삼성전자, 현대차를 비롯한 대기업 본사는 길게는 10년 가까이 시위대가 상주하며 온갖 욕설과 비방으로 가득한 현수막, 운동가요와 확성기 소음으로 시달리고 있다. 1987년 민주화 운동이후 30년 이상 과잉 대표되고 있는 노조와 과소 대표되고 있는 기업으로 대비되는 대한민국 현실이다.

자랑할 만한 역사는 별로 없다. 조선은 수 백 년에서 천년이나 앞선 고려와 신라에 비해서도 결코 국력이나 백성의 생활수준이 낮다고 할 수 없었다. 조선이 지배했던 중세에서 근세까지 한반도의 역사는 퇴보의 역사였다.[7] 조선 시대의 왕들과 역사를 알면 알수록 마음이 무거워지고 부끄러워지기까지 한다. 한반도의 여러 왕조들 중에서도 가장 폐쇄적이었고 백성들이 가장 살기 어려웠던 시대가 조선이었다.

조선시대 500년간 조선인 중에서 최초의 유학생은 놀랍게도 1881년 일본 게이오 기주쿠현재 게이오 대학로 유학을 갔던 유길준이었다.[8] 그전에 중국이나 일본으로 유학을 떠난 단 한 명의 학자도 없었다. 중국이나 일본으로 배를 띄운 단 한 명의 상인도 없었다. 더 멀리 동남아, 인도, 유럽으로는 말할 나위도 없다. 공식적인 외교사절과 통역 등의 수행원이외는 아무도 나갈 수도 들어올 수도 없었다. 조선처럼 철저하게 닫힌 나라의 예를 찾기란 쉽지 않다. 중국과 일본도 닫히기는 마찬가지였지만 조선처럼 심하지 않았다.

이런 역사를 지닌 조선에 대한 책들은 셀 수 없을 정도로 많다.[9]

....

7 상공업을 천시하고 억누른 결과, 18세기 노론 경세가들이 "조선은 수레도 없고, 바늘도 만들지 못하고, 유리, 구슬, 청자도 못 만든다"고 한탄하는 지경에 이르렀다. 또한 고려, 신라시대에 가능했던 입식 생활, 복층 건물, 화려한 치장 및 장식, 깨끗한 상하수도를 갖춘 거리 등 편리하고 공공에 이로운 문화적 성취가 모두 사라져 18세기 실학자들이 "한양 도성엔 똥이 너무 많아, 장마가 휩쓸고 지나가지 않으면 도저히 똥을 씻어낼 방법이 없다"고 한탄하는 지경으로 타락하였다. Historia Coreae, 『한국의 발전은 신이 도운 것이다』, 2022.06.15.
8 함재봉, 『한국 사람 만들기 III 친미기독교파 1』, 에이치(H) 프레스, 2020.

그러나 한반도 5천년 역사에서 가장 번영한 나라인 대한민국에 대한 이야기는 매우 빈약하다. 번영한 나라임에도 불구하고 '한국이 왜 번영했을까'에 관해서 설득력 있는 분석과 설명을 제공하는 책은 없다. 오히려 한국의 성공과 발전에 대한 부정적이고 비판적인 내용은 넘친다. 다른 나라들은 한국의 성공과 발전에 대해 높은 관심을 보이고 그 이유를 알고 싶어 하는데 정작 많은 한국인들은 자신의 나라가 왜 이렇게 잘살게 되었는지 그 이유조차 제대로 모르고 있다. 오히려 급속한 성장과 발전의 과정에서 나타난 부정적인 측면만 강조하고 있다. 참으로 이해하기 어려운 일이 아닐 수 없다. 발전하는 나라와 퇴보하는 나라의 차이는 생각의 방향에 달려있다. 장점을 더 발전시켜 나가려는 나라는 미래에도 계속 발전 할 수 있다. 장점을 발전시키려는 사람들이 다수를 차지하는 나라는 발전한다. 반대로 문제점과 단점만을 강조하고 분열과 대립을 지속하는 나라는 쇠퇴한다. 많은 나라의 역사가 말해주고 있다.

······················

9 광화문 앞길 세종대로는 조선 건국 이래 주요한 길이었으나, 본격적인 상징성이 부여된 것은 대한민국 건국 이후다. 특히 건국 이후 광화문 앞 세종대로에 각 정부 청사들과 기업들의 본사가 들어서면서 상징성이 부각됐다. 광화문광장이 상징하는 것은 결국 조선시대가 아니라 대한민국시대인 셈이다. 대한민국도 어언 77년이란 역사의 층(層)을 형성하고 있지 않은가. 그러나 시설물과 기념물들을 보면 대한민국 현대사보다는 조선시대에 멈춰있다. 대한민국 상징거리가 아니라 조선시대 상징거리다. 유이(唯二)한 동상이 조선의 세종대왕과 이순신 장군 동상이다. 지하 전시관도 두 인물에 관한 기록과 자료들이다. 대한민국 상징 거리인데 대한민국은 찾을 수 없다. 광화문광장 동편의 대한민국역사박물관이 있지 않느냐 하겠지만, 그곳과 연계하는 측면에서도 광화문광장에서 대한민국의 자랑스러운 역사와 숨결을 느낄 수 있어야 한다. 디지털타임스, [이규화의 지리각각] 대한민국 상징광장에 대한민국이 없다, 2022.08.12.

3
왜 나는 안타깝고 절박한 심정으로
이 책을 썼을까?

대한민국 국민 모두가 알아야 할 중요한 사실이 부정적 내용만 부풀려지고 과장되어 전해졌다. 다들 그것이 사실인 줄만 알았다. 그러나 사실은 그렇지 않았다. 필자도 모르고 있었다. 정확하게 말하면 초중고와 대학 시절동안 가르쳐 주는 곳도 없었고 교과서에도 없었다. 배운 적이 없기 때문에 알 수가 없었던 것이다. 사실팩트이 수 십 년간 공개되지 않았던 것이다.

이 책은 어느 편을 위한 것도 아니고 어느 진영에 속하는 것도 아니다.

군이 말한다면 대한민국의 오늘이 있게 한 자유민주주의와 시장경제를 지키고자하는 사람들을 위해 썼다. 상상력과 주장을 버리고 최대한 팩트사실에 기반 해서 썼다. 저자가 가장 강조하고 심혈을 기울인 것은 오로지 사실들이다. 사실을 전하고 싶은 마음뿐이었다. 편향된 이념과 정치적 의도로 왜곡된 사실들을 이야기하고 싶었다. 특히 우리사회의 미래인 10대와 20대 젊은 친구들에게 대한민국의 번영이 시작되고 꽃을 피우게 된 이유와 과정들을 제대로 알리고 싶었다. 그들이 사실에 근거해서 자신이 태어나고 자랐던 대한민국을 알 수 있었으면 한다. 그래서 우리 모두의 조국인 대한민국이 하늘에서 뚝 떨어진 뿌리 없는 나라가 아니라 앞선 생각과 뛰어난 역량을 지녔던 위대한 인물들에 의해 디자인되고 만들어졌던 자랑스러운 나라였음을 깨달을 수 있기를 바란다. 그런 훌륭한 할아버지, 아버지, 선배들이 있었기에 지금 우리가 누리고 있는 풍요로움이 가능할 수 있었다는 사실을 알게 되면 좋겠다.

한국의 번영은 무에서 유를 만들어 내는 과정

국가가 발전할 수 있는 최소한의 조건이 해방 후 한국에는 없었다.[1] 새로운 국가를 건설하는데 필요한 자본과 자원은 물론 기술도 훈련된 인력도 없었다. 1948년 건국한 대한민국에는 문맹률 80%를 넘는 국민 외는 아무것도 없었다. 발전에 필요한 요인들이 100이라면 당시 한국이 갖고 있던 것은 제로였다. 그렇다면 이러한 조건을 가졌던 한국이 오늘날 이루어 낸 번영은 도대체 어떻게 해서 가능하게된 것일까? 대한민국 사람은 물론 전 세계 사람들도 궁금해 할 것이다. 그러나 이러한 궁금증을 풀어줄 책은 없다. 한국의 번영에 관한 종합적

....

1 고난의 과정을 통해 탄생한 대한민국은 모든 것이 부족한 취약국가(Vulnerable state)였다. 국가건설에 필요한 물적, 인적 자원이 턱없이 부족했다는 뜻이다. 김용삼, [이 책을 주목한다] "이승만 카리스마 통치의 명암(明暗)을 파헤친 역작", 펜앤드마이크, 2021.06.29.

인 이유와 설명을 담은 책은 없다. 참으로 신기하고 이상하다.

한국과 같이 70년이 조금 넘는 짧은 건국의 역사를 지닌 나라에서는 건국의 과정에 대해서도 다양한 관점과 해석이 존재한다. 그러나 중요한 사실은 대한민국이 건국했다는 점이다. 그리고 번영했다는 사실이다. 대한민국 건국에 대해서 눈물을 흘리며 감동하는 사람들도 있고 건국에 대해 부정적인 생각을 하는 사람도 있다. 심지어 대한민국은 태어나서는 안 될 나라라고 하는 사람도 있다.[2] 그러나 좌파적 사고를 지닌 사람이든 우파적 사고를 지닌 사람이든 미국보다 공산주의 중국[3]을 더 우호적으로 생각하는 사람들이라도 대한민국이 건국했고 번영했다는 사실을 부정할 수는 없다. 팩트_{사실}이기 때문이다.

....

2 취임 일성부터 "반칙과 특권의 시대는 끝나야 한다"며 대한민국을 '반칙과 특권의 역사'로 규정한 노무현 전 대통령. 국가를 대표하는 분이 둑을 허문 뒤 대한민국 부정은 봇물 터지듯 쏟아졌다. 역시 최고봉은 문재인 대통령. '친일파와 보수가 득세해온 이 땅의 주류세력을 교체해야 한다'는 일념으로 임기 내내 집요한 '세상 바꾸기'를 벌였다. 그 대한민국을 부정하는 사람들의 역사 인식은 대체로 이렇다. 친일세력 → 반공·산업화세력 → 보수세력이 화장만 바꿔가며 한국 사회를 계속 지배해 왔다는 것. 이런 나라보다 확실하게 친일 청산을 이룬 북한 정권에 한반도의 정통성이 있다는 것이다. 1980년대 해전사(해방전후사의 인식)류의 운동권 시각이 그 연원(淵源)이다. [박제균 칼럼] '태어나선 안 될 나라', 동아일보, 2021.07.12.

3 몽테스키외(1689~1755)는 일찍이 "중국에는 정치적 자유라는 개념이 아예 없으며 그 체제는 공포에 바탕을 둔 폭정(暴政)에 지나지 않는다"라고 비판한 바 있다. 단지 전근대(前近代) 왕조 시대의 중국에만 해당되는 얘기가 아니다. 오늘의 중국도 그렇다. 중국은 전근대의 전제주의에 공산당의 전체주의적 전제정이 그대로 겹쳐 있다. 이강호, [수교 30주년, 韓中 관계를 다시 생각한다] "中共(중공) 체제의 본질과 從中(종중)의식", 월간조선, 2022년 8월호.

한국인들이 계란하나라도 제대로 먹을 수 있었던 것은 1973년부터였다. 세계은행이 빈곤선으로 정한 1인당 하루 1 달러, 국민소득 365 달러를 돌파한 것이 1973년이다.[4] 1977년 12월에 1인당 국민소득이 1,000 달러를 돌파해서 1,047 달러가 되자 박정희 대통령이 중앙청에서 국무위원들과 함께 만세를 불렀다고 한다. 지금 우리는 1,000 달러의 의미를 알 수가 없다. 3만 불, 4만 불이라고 해도 시큰둥하다. 그만큼 지금 우리는 잘 살고 있기 때문이다. 국민소득 1인당 1,000 달러 달성은 1980년대 초반까지가 목표였다. 그만큼 달성하기가 어려웠던 것이다. 1950년대를 거쳐 1970년대 후반까지의 대한민국 모습은 지금 MZ 세대들은 상상조차 어려울 것이다. 다른 나라라고 생각할 것이다. 1950년대에서 1970년대까지의 대한민국은 가난이라는 긴 터널을 지나가는 중이었다.

이제 대한민국은 세계 10위의 경제대국으로 성장했다.[5] 일본과의 경제적 격차는 1:10에서 1:3으로 줄어들었다. 실질소득으로는 한국이 일본을 이미 넘었다는 조사결과도 나온다. 한·일간의 인구 비율이 1:3이니 사실상 이제는 대등한 수준에까지 한국이 따라 붙었다고 할 수 있다. 놀라운 일이다. 지구상에서 대한민국이외는 이런 결과를 만

....

4 1972년에 324 달러, 1973년에 1인당 국민소득이 406 달러였다.(출처 : 한국은행)
5 2002년 일본의 1인당 GDP는 우리의 3배였다. 지금은 거의 비슷하다. 20년 사이 우리의 소득이 3배 늘어났지만 일본은 제자리걸음을 했다. 100여 년을 축적한 일본의 지적·물적 자산과 과학 기술력은 여전히 강력하고 일본이 중요한 나라임은 변함이 없다. 그러나 과거처럼 압도적이진 않다. [박정훈 칼럼] "특별하지 않은 '보통 국가'일본과의 대면", 조선일보, 2022.07.01.

들어 내지 못했다. 그런데도 왜 이런 발전이 어떻게 해서 가능했는지 궁금해 하지 않는다. 저자는 이런 한국인들이 더 궁금했다. 아시아 동쪽 끄트머리 한 구석에서 수 천 년 동안 온갖 시련을 겪었던 존재감 없던 나라. 마치 '무명작가' 같았던 대한민국. 그런 나라가 어떻게 찬란한 빛을 발하는 나라가 되었는지 뜨거운 감동과 감격이 밀려온다.

1953년~1979년 1인당 국민소득 추이

명목	1 인당 국내총생산	1인당 국내총생산	1인당 국민총소득	1인당 국민총소득
단위	만원	달러	만원	달러
1953	0.20	66.00	0.20	67.00
1954	0.30	69.00	0.30	70.00
1955	0.50	64.00	0.50	65.00
1956	0.70	65.00	0.70	66.00
1957	0.90	73.00	0.90	74.00
1958	0.90	80.00	0.90	81.00
1959	0.90	81.00	0.90	82.00
1960	1.00	79.00	1.00	80.00
1961	1.20	84.00	1.20	85.00
1962	1.40	90.00	1.40	91.00
1963	1.90	103.00	1.90	104.00
1964	2.60	106.00	2.70	107.00
1965	2.90	108.00	2.90	110.00
1966	3.60	128.00	3.70	131.00
1967	4.40	145.00	4.50	150.00
1968	5.50	174.00	5.60	178.00
1969	7.00	216.00	7.20	221.00
1970	8.70	253.00	8.80	257.00
1971	10.40	290.00	10.50	292.00
1972	12.70	324.00	12.70	324.00
1973	16.20	406.00	16.20	406.00
1974	22.70	562.00	22.80	563.00
1975	29.80	615.00	29.50	610.00
1976	40.20	831.00	40.00	826.00
1977	50.90	1,051.00	50.70	1,047.00
1978	67.70	1,452.00	67.80	1,454.00
1979	85.80	1,713.00	85.60	1,709.00

위인도 정파에 따라 바뀌는 나라

필자가 어렸을 때에는 청소년들이 위인전을 열심히 읽었다. 위인이 되고 싶어서 모두 열심히 읽었다. 대부분의 위인은 외국 사람들, 주로 외국 대통령들과 과학자들이었다. 우리나라 위인들은 그리 많지 않았다. 세종대왕, 이순신, 을지문덕, 강감찬, 안중근 정도였다. 그리고 현대사의 인물들은 김구와 박정희 정도였다. 지금은 독재자로 비난하는 사람들이 많지만 필자가 초중고를 다녔던 1970년대의 박정희는 한국을 발전시킨 위인이었다. 위인도 시대에 따라 바뀌는 나라가 대한민국이다. 다른 나라들대부분 선진국은 위인으로 인정받던 사람이 갑자기 악당으로 바뀌지는 않는다.

미국 건국의 아버지들은 영국의 식민지였던 매사추세츠 주, 버지니아 주 등 미국 동부 13개 주의 대표들이었다. 그러나 당시 그들은 미국인이라는 동질감보다는 '버지니아인', '로드아일랜드 사람'등 자신이 속하는 주州에 대한 소속감이 더 높았었다. 건국의 아버지들은 독립에 대한 자신감이 부족하고 서로 다른 출신과 배경으로 이질감이 컸던 13개주를 단결시켜 미국 독립을 이룩했다. 그들은 진정한 영웅이었다. 그러나 미국인들은 건국의 아버지들의 업적은 존경하지만 개인적 인격과 삶에 대해서는 긍정과 부정의 평가가 함께 존재 한다. 그들 중 상당수는 노예가 낳은 사생아의 아버지, 술주정뱅이, 노예 농장주이기도 했다.[6] 그럼에도 불구하고 그들 모두를 건국의 아버지

....

6 이들도 오늘을 사는 정치인들과 똑같이 오류를 가진 인간이다. 이것은 동양에

로 기억하고 존경한다. 미국이 시작한 날부터 지금까지 그렇게 하고 있다.

　모택동은 중국 공산혁명을 이끌었고 공산당이 지배하는 중국을 건국했다. 많은 중국인들이 그를 찬양한다. 그러나 모택동은 수 천 만 명이 굶어 죽은 대약진 운동과 중국을 수 십 년 후퇴시킨 문화혁명을 비롯해 엄청난 실패와 고통을 중국 인민에게 안겨주었다. 자신을 죽이려 했던 모택동에 대해 등소평은 '공칠과삼공로가 70이고 실수가 30'이라는 유명한 말로 그를 평가했다. 부정적 측면이 있지만 공산주의 중국을 건국했던 모택동의 공이 더 크다는 긍정적 평가를 한 것이다. 등소평은 천안문 민주화 요구 시위대 수 만 명을 무참하게 학살했고 중국 공산당에 쫓겨 대만으로 패퇴한 장개석과 그의 아들 장경국은 반대세력에 대한 탄압과 독재로 일관 했었다. 그러나 대다수 중국인과 대만인은 등소평과 장경국을 국가를 일으킨 인물로 추앙한다. 그들의 과오보다는 그들이 이룬 장점을 보기 때문이다.

　이승만과 박정희가 만약 미국이나 중국 사람이었다면 분명히 이런 평가를 받았을 것이다. "두 사람 모두 독재자였다. 그러나 우리나라를 발전시킨 인물들이다. 잘못도 했지만 그보다는 공이 더 크다."

....

서 '영웅사관'에 의해 국부를 추앙하는 것과는 전혀 다른 역사 인식이다. 역사의 주체를 민중으로 인식하는 민중사관은 더욱 아니다. 연방국가 미국의 정치적 특성과 자유민주주의 사상이 빚어낸 특별한 역사 인식이다. 이승만과 김구, 누가 국부(國父)인가? '끝나야 할 역사전쟁' 저자인 김형석 박사의 글이다.(편집자 주) 최보식의 언론, 2022.08.17.

한반도 5천년 역사에서 가장 번영하고 잘 살았던 시대는 언제일까? 생각해 볼 필요도 없이 바로 지금이다. 세계 많은 나라들이 한국의 사례에 관심을 갖고 연구를 했으면 한다. 세계에서 가장 가난했던 나라가 어떻게 세계에서 가장 잘사는 나라가 될 수 있게 되었는지 그 이유를 알 수 있기를 바란다. 그래서 자유와 민주주의가 보장되면서도 경제적 풍요가 넘치는 제2, 제3의 코리아가 지구 곳곳에 더 많아지기를 염원한다. 이 염원이 저자가 이 책을 쓰게 된 두 가지 이유 중의 하나다. 물론 더 중요한 이유 한 가지는 앞에서 여러 차례 언급한 바와 같이 우리 젊은이들을 위해서 썼다는 점이다.

II

대한민국은 어떻게
만들어졌을까?

1
전근대적 봉건제와 식민지 잔재를
타파하고 건국한 대한민국

지금 한국사회에 남아 있는 부정적 유산은 대부분 조선시대 것들이다. 사농공상[1], 양반 상놈 의식과 차별, 당쟁과 사화, 배타적 족벌체제 등이다. 조선왕조는 나라의 문호를 닫아 잠그는 쇄국의 달인이었다. 외부로부터의 새로운 사상이나 기술은 들어 올 수 없었다. 발전과 변화라는 단어는 없었고 죽음 같은 정체만 계속되었다.[2] 조선은 중국, 일본의 침략으로부터 백성을 지켜주지는 못했으나 지배하고 통제하는 데는 탁월했다. 18세기 중반 조선 인구 40% 이상이 노

....

1 직업에 따른 조선시대의 신분질서를 의미한다. 사(선비, 관료) - 농(농민) - 공 (기술자) - 상(기업인, 상인).
2 유교문화의 영향을 받았지만 일본은 조선과는 달랐다. 일본은 이미 에도 시대 (1602~1868)에 축적된 자본과 기술, 그리고 네덜란드, 포르투갈을 비롯한 서양 국가들과의 부단한 접촉과 교류를 통해 자본주의적 맹아는 물론 열강으로 도약할 수 있는 물적, 인적 토대가 상당 수준으로 갖추어져 있었다. 성리학적 이념만을 숭상하면서 상업을 천시하고 기술과 물질적 기반이 전혀 없던 조선은 일본에 비해 크게 뒤쳐질 수밖에 없었다.

비였고 사대문 안에서는 절반이 넘었다. 세상의 여러 왕조들 중에서도 가장 폐쇄적이고 봉건적이었던 조선은 무려 519년 동안 존속했다. 세계사에서도 유래를 찾기 어려운 긴 역사를 지니며 한반도를 통치했다.[3] 3.1운동 당시 조선인들은 이씨 왕조가 아닌, 새 나라를 원했다. 국권 회복은 염원했지만 조선왕조의 부활은 원하지 않았다. 조선은 백성으로부터도 철저하게 버림받았던 것이다.

임진왜란과 병자호란을 겪고도 조선은 멸망하지 않았다. 그러나 기력이 다한 노인이 생명만 연장하듯이 식물인간 상태로 연명할 뿐이었다[4]. 조선은 가난한 정체 사회였기에 정쟁과 착취가 더 격렬했다. 세계 변화와 담쌓은 폐쇄적 사고방식에 갇혀 망했다. 이런 나라에서 살아야했던 조선인들의 의식과 행동은 수동적이고 의존하는 삶에 깊이 물들어 있었다. 한편, 조선이 멸망한 후 한반도를 통치한 일본 제국주의는 너무나 강력했다. 저항은 사실상 불가능했다. 저항

· · · · · · · · · · · · · · · · · ·

3 임진왜란·병자호란을 겪으며 진작 망했을 왕조가 유교 원리주의로 연명한 결과다. '양반들의 나라'에선 차별과 억압이 일상이었다. 양반과 상민(班常), 양인과 천민(良賤), 적자와 서자(嫡庶)에다 남녀·지역·직업까지 차별은 철저하고 중층적이었다. 특히 노비는 재산 취급했다. 노비를 세는 단위는 인(人)·명(名)이 아니라 '구(口)'다. 17세기 조선 인구의 약 40%를 차지했던 노비는 미국 흑인노예보다 비중이 높았다는 주장도 있다. 오죽하면 율곡 이이가 1574년 상소문에서 "동족을 이렇게 많이 노비로 부리며 사고파는 나라가 동서고금에 또 어디 있는가"라고 개탄했다. 한경, [오형규 칼럼] "조선이 아직 안 망한 건가", 2021.01.27.

4 송복, 『조선은 나라가 아닙니다. 류성룡, 나라를 다시 만들 때가 되었나이다(큰 글자책)』, 가디언, 2020.

은 곧 죽음이었다. 스스로 자신의 삶을 결정할 수 없고 발전시킬 수 도 없었던 상태가 36년 동안 계속되었다. 일본의 식민지였던 한반도 의 모습이었다. 대한민국 건국은 조선의 부정적 유산을 청산하고 일 본 식민지 지배로 피폐하고 무기력 해진 한반도에 새로운 나라를 만 드는 것이었다.

2
온통 공산주의 국가들 속에서
대한민국은 왜 공산화되지 않았을까?

해방 후 한반도 주변 상황

1949년 중공중국공산당 건국부터 1991년 소련 해체 전까지 한반도 주변 상황
- 붉은색 표시는 공산국가를 나타냄.

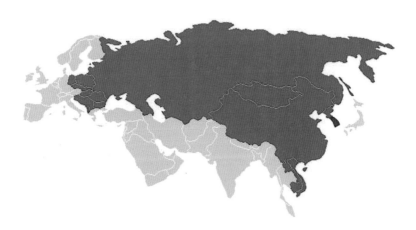

위 지도에서 볼 수 있는 바와 같이 한반도와 인접한 대륙에서는
오직 한반도의 남쪽인 대한민국만이 자유민주주의 국가로 남아 있
다. 붉은 색은 모두 공산국가들이다.

공산주의가 압도적이었던 이런 국제적 상황에서 신생국 대한민국은 어떻게 자유민주주의 국가가 될 수 있었을까? 2차 세계 대전이후 한국과 같이 식민지 상태에서 독립한 많은 나라들이 사회주의 국가나 공산주의 국가가 되었다. 그렇다면 한국이 일본으로부터 독립하고 나서 공산주의 국가가 되지 않은 것은 어떤 이유에서였을까?

그 이유는 미국이 소련의 한반도 전체 점령을 막았고 이승만 건국 대통령이 미국을 대한민국의 모델 국가로 삼아서 건국했기 때문이다. 미국은 소련의 남한 점령 야욕을 38선을 설정함으로써 막았다. 또한 6.25 전쟁에서 대한민국을 공산화 위기로부터 구해내었다. 이승만 건국 대통령은 북한의 끊임없는 남한 공산화 시도를 강력한 반공정책으로 무력화시키고 한미상호방위조약을 체결함으로써 한국의 안보를 반석위에 올려놓았다.

1945년 8월 29일 소련군 참모본부가 작성한 보고서에는 소련이 한반도 북위 38도 이북 지역을 점령하는 동시에 개별 점령 지역에 제주도와 일본 쓰시마섬을 포함해야 한다고 적시됐다. 소련이 제2차 세계대전이 끝난 뒤 한반도 38선 이북과 함께 제주도와 부산을 점령하는 방안을 검토했던 사실이 드러났다. 당시 소련의 계획이 실현됐다면 북한뿐 아니라 이 지역들까지 소련의 손에 들어갈 수 있었다는 뜻이다.[1]

....

1 2022년 8월 16일 요미우리신문 보도에 따르면 러시아 외교정책문서관이 온라인으로 공개한 문서를 일본 이와테대 아사다 마사후미(麻田雅文) 교수가 확인한 결과 2차 대전 후 소련이 검토한 점령지에 일본 홋카이도 전체와 한반도

공산화되기 쉬웠던 당시 남한 상황

　일제가 패망하고 광복을 맞이한 한국인들에게 스스로 모든 것을 판단하고 결정하는 주체적 삶을 의미하는 '자유'라는 단어는 생소함 그 자체였다. 반면, 평등을 이루자는 공산주의 구호와 선동은 매력적이었다. 식민지를 경험한 대부분의 신생국들에게 사회주의와 공산주의는 들판의 들불처럼 확산되고 있었다. 북한은 이미 공산 소련의 영향력 하에 있었다. 그렇다면 어째서 대한민국만 공산주의와 사회주의가 대세였던 세계사적 흐름에서 벗어나 자유민주주의 국가가 될 수 있었을까?

　그 당시에는 평범한 국민들뿐만 아니라 지도자급 인사들도 상당수가 사회주의에 기울어져 있었다. 대한민국 최초의 헌법인 제헌헌법의 내용도 사회주의적 색채가 강했다. 자유민주주의와 자유로운 경제활동시장경제이 보장됨으로써 번영이 가능하게 되었다는 것은 지금은 누구나 다 아는 사실이지만 당시에는 몰랐다. 자본가와 지주를 타도하고 그들의 재산을 가난한 사람들에게 나누어 준다는 공산당의 선전 선동이 사람들에게 더 다가왔다. 사회주의 국가인 북한이 지금같이 세계에서 가장 빈곤하고 낙후된 나라가 될 것이라고 생각했던 사람은 그 때는 없었다. 그만큼 사회주의는 사람들의 마음을 움직였던 것이다.

....

남부 지역이 포함됐다. 이상훈, "소련, 2차대전후 제주도 – 부산까지 점령하려고 검토", 동아일보, 2022.08.17.

1945년 8월 15일 광복이후부터 대한민국은 북한과 남한 내부의 공산주의 세력에 의한 공산화의 위협에 직면하게 되었다. 조선 공산당과 남로당_{남한 조선 노동당}에 의한 대구 10.1 폭동₁₉₄₆, 제주 4.3 사건 _{1947~1954}, 공산주의 장병들에 의한 여순 사건 등이다. 북한의 남한에 대한 공산화 위협은 6.25 남침 후에도 한시도 멈추지 않았다. 1980년대 이후 민주화 과정에서는 북한 김일성의 지시를 받는 대학생 등을 중심으로 하는 안티 대한민국 세력[2]들의 도전에 직면했다. 1987년 6월 민주화 항쟁 시 북한 김일성을 추종하는 주사파, 제헌의회, 민중의회 등을 중심으로 대한민국을 전복 시키려는 세력의 끝없는 도전을 물리치며 자유 민주주의를 지켜왔다.

미국의 절대적 지원과 한미동맹 구축

사회주의와 공산주의 세력이 압도적이었던 한반도에서 신생 대한민국이 공산화되지 않았던 이유는 미국의 도움이 절대적이었다. 북한의 침략 전쟁인 6.25[3]로 국토는 잿더미가 되고 남한은 공산화 위기에 직면하게 되었다. 미국과 UN의 참전[4]으로 가까스로 공산화 위

....

2 1948.8.15. 건국한 대한민국을 부정하고 북한 김일성의 조선인민공화국을 정통으로 인정하는 반 대한민국, 반 국가세력을 말한다.

3 1950년 6월 25일 새벽 4시에 소련의 지원을 받은 북한이 우리나라를 기습남침하며 시작된 전쟁이다. 남북한뿐만 아니라 미국 중심의 유엔군과 중공군이 참여한 전쟁으로 1953년 7월 27일에 정전협정을 맺고 현재까지 휴전상태이다.

4 6.25 전쟁 참전 16개국은 미국, 영국, 캐나다, 터키, 호주, 필리핀, 태국, 네덜란드, 콜롬비아, 그리스, 뉴질랜드, 에티오피아, 벨기에, 프랑스, 남아프리카연방,

기에서 벗어나게 된 대한민국은 안보가 확보되지 못하면 국가의 존립 자체가 불가능함을 깨닫게 되었다. 안보가 무너진다면 일본의 식민지 상태보다도 더 처참한 공산화가 대한민국을 기다리고 있음을 알게 된 것이다. 그래서 세계가 놀란 한미상호방위조약이 휴전 후 체결 된다[5]. 북한의 공산화 위협에 대해 미국이 한국의 안보를 책임지게 된 것이다. 북한의 위협에서 벗어나게 된 한국은 경제성장에 집중할 수 있었고 그래서 지금 우리가 누리는 번영의 기초가 확보될 수 있었다. 결국 대한민국이 공산화 되지 않고 경제적으로 번영할 수 있었던 것은 미국의 존재와 한미 동맹덕분임을 부인할 수 없다.

우리가 모르고 있는 한 가지 중요한 사실

그러나 1948년 대한민국 건국 당시에 미국의 한국에 대한 관심은 우리가 생각하는 것만큼 크지 않았다. 미국은 당시 소모사대만에 비해서도 한국의 전략적 가치를 낮게 평가하고 있었다. 다시 말해 6.25

....

룩셈부르크 등이다(순서는 파병인원 수). 그런데 그중 9개국이 NATO 회원국이었다. 미국, 영국, 캐나다, 터키, 네덜란드, 그리스, 벨기에, 프랑스, 룩셈부르크 등이다. 6.25 전쟁은 인류 역사상 가장 많은 국가가 단 하나의 국가를 위해 지원한 전쟁이었다. 유엔의 이름으로 행해졌다. 그 중심에는 나토라는 군사동맹체가 있었다. 이강호, "수교 30주년, 韓中 관계를 다시 생각한다", 월간조선, 2022.08월호.

5 1953년 10월 1일 조인된 한미상호방위조약은 한국(남한) 방위를 위하여 외국과 맺은 군사 동맹으로서, 이는 최초이며 지금까지 유일한 동맹조약이다. 한국민족문화대백과, 한국학중앙연구원.

전쟁 발생 이전에는 한국은 미국의 우선적 고려대상이 아니었다. 미국은 극동 방위선에서 한국을 제외시켰다[6]. 그 결과 소련은 미국이 한국을 방어할 의사가 없다고 판단하여 북한을 지원함으로써 6.25 한국전쟁이 일어나게 되었다. 북한의 남침으로 시작된 한국전쟁을 통해서 미국은 비로소 한국을 굳건하게 지켜주게 된다.

· · · · · · · · · · · · · · · · · · ·

6 한국이 미국의 극동 방위선에서 제외됨으로써 소련은 이러한 사실을 미국이 한국을 지킬 의사가 없다는 메시지로 판단하게 된다. 이러한 미국의 결정은 결과적으로 소련의 지원을 받은 북한이 6.25 남침을 하게 된 결정적 계기를 만들어 준 셈이다.

제2부

번영의 비밀이 담긴
기가 막힌 퍼즐조각
7가지

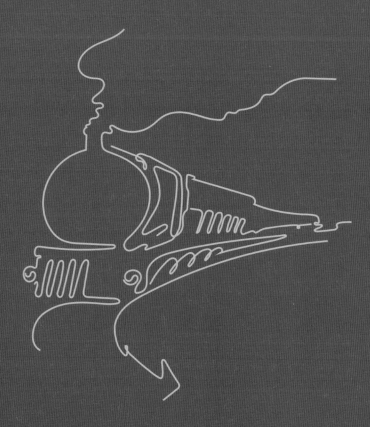

시작하는 글

(첫째) 대한민국 번영의 필요충분조건 7가지

대한민국 번영의 원인에 대해서는 여러 가지 견해가 있을 수 있다. 물론 대한민국이 번영했다고 생각하지 않는 사람들도 있을 것이다. 결국 자신이 생각하는 대한민국이 어떤 나라인가에 따라서 대한민국 번영의 원인과 이유도 달라질 수밖에 없다. 생각의 차이를 인정한다고 해도 대한민국을 탄생시켰던 헌법 정신을 부정할 수는 없다. 헌법이 정하는 틀 속에서만 생각의 차이도 가능한 것이다. 선진국의 문턱에 도달한 대한민국은 자유민주주의와 시장경제라는 헌법에 명시된 두 축이 있었기에 번영할 수 있었다. 그러나 자유민주주의와 시장경제를 헌법에 규정한다고 해서 번영이 저절로 이루어지는 것은 아니다. 아무리 화려한 미사여구와 이상적인 내용들로 장식하더라도 헌법 자체가 발전과 번영을 만들 수 없다.

자유민주주의와 시장경제가 대한민국 번영의 필요조건[1]이라면 그

---

[1] 필요조건만 충족될 경우는 민주주의는 시행되고 있으나 낮은 경제성장으로 인해서 사회전반의 빈곤이 계속되는 상태를 말한다. 인도, 필리핀 등이 대표적이다. 정권 교체라는 형식적인 민주주의가 특징이다.

런 제도를 통해 번영을 이룰 수 있었던 요인들을 충분조건이라고 할 수 있다. 필요조건이 하드웨어적 (컴퓨터)인 것이라면 충분조건은 소프트웨어 (프로그램)에 해당된다. 결국 대한민국 번영의 원인은 이러한 필요충분조건[2]을 밝혀내는 작업이다. 필요조건 2가지, 충분조건 4가지[3] 그리고 부수적 요인 등 모두 7가지로 번영의 원인을 정리했다.

(둘째) 한국인은 결코 집단주의적이지 않다

7가지 번영의 원인을 설명하기 전에 한국인의 우수함, 성격적 특성이 번영의 원인이 될 수 있는지에 대해서 간단하게 설명하기로 한다.

한국인만 가진 성격적 특성?

한국의 발전 원인을 이야기 할 때 가장 흔히 듣는 얘기는 한국인의 특성과 관계되는 것들이다. 한국인의 우수함과 성격적인 특성이 번영의 원인이라는 주장이다. 예를 들면 한국인의 근면성, 노력하는 자세, 높은 교육열, 그리고 부모들의 자식에 대한 무한 지원 등이다. 결론적으로 이런 특성을 번영의 원인으로 보기는 어렵다. 그 이유는

．．．．．．．．．．．．．．．．．．．

2 국민에 선택에 의해서 정권의 민주적 교체는 물론이고 자유와 인권이 폭넓게 보장되며 시장경제원리를 바탕으로 높은 경제성장을 달성해 국민의 생활수준이 상승하게 된다. 1960년대~1980년대 경이적인 경제성장과 민주화를 달성함으로써 번영의 필요충분조건을 충족시킨 한국이 대표적인 사례라고 할 수 있다.

3 필요조건은 미국, UN이고 충분조건은 이승만, 박정희, 기업인 그리고 공무원이다.

이런 특성을 한국인만 갖고 있지 않기 때문이다.

저자가 2017년부터 2019년까지 뉴욕 UNDP에서 반부패 자문관으로 활동할 때 아프리카, 남미, 남서 태평양 및 중동에 있는 개도국들을 방문했다. 낮은 소득과 극심한 부패로 인해 국민들의 생활수준은 형편없었다. 마치 1960년대와 1970년대의 한국과 유사해 보였다. 모든 경제적 사회적 조건이 열악한 상황이었다. 그러나 대부분의 사람들은 근면하고 열심히 살아가고 있었다. 하루에 10시간 넘는 노동을 하고도 그들이 받는 돈은 적었다. 미얀마에서 만났던 어떤 50대 여성은 호텔에서 청소 일을 하고 있었는데 월 급여가 50 만 원 정도라고 했다. 하루에 10 시간 이상 일을 한다고 했다. 자식을 공부시키기 위해 열심히 일한다며 미소를 지어 보였다. 자신이 번 돈으로 자식이 공부하고 있다는 사실에 큰 자부심을 가지고 있었다. 자식들은 자신보다 더 나은 삶을 살 것이라고 했다. 고된 노동에 시달리면서도 그들의 표정은 어둡지 않았다. 콜롬비아 보고타에 갔을 때 한국에서와 같이 사교육이 엄청나게 행해진다는 얘기를 들었다.

근면, 성실, 노력, 희생은 대한민국 사람들만의 특성도 전유물도 아니다. 자식에 대한 높은 교육열과 자식을 위해 기꺼이 감내하는 부모들의 희생 역시 한국에만 있는 현상이 아니었다. 다른 나라의 부모들도 자기자식에 대한 애정과 희생은 우리보다 못하지 않다. 대부분의 나라, 대부분의 국민들은 비슷하다. 그러나 성공하는 나라는 극소수에 불과하다. 그렇다면 무엇이 대한민국과 다른 나라들을 차이 나게 만든 것일까? 1950년대에서 1970년대까지 대한민국 보다

경제적으로 앞선 나라들이 지금은 한국보다 뒤처지고 아직도 가난과 저성장에 허덕이고 있는 이유는 무엇일까? 왜 오직 한국만이 경제적으로 선진국 대열에 합류하게 된 것일까?

잘못 알고 있는 한국인의 특성

일반적으로 한국인은 집단주의적 성향을 지닌다고 알려져 있다. "자신보다는 조직이나 가문을 더 중하게 여긴다."고 한다. 이 말은 반은 맞고 반은 틀렸다. 집단주의를 한국인의 일반적 특성으로 보기는 어렵다. 그렇지 않은 면이 더 크기 때문이다. 집단주의는 일본인의 특성에 더 가깝다.

한국인은 오히려 개인주의적이다. 자기중심 경향이 강하다. 같은 유교권이고 농경문화라는 공통점을 지니고 있지만 일본인에 비해 한국인은 개인주의적 경향이 강한 편이다. 일본인은 기본적으로 자신이 속한 공동체에 저항하지 않는다. 순응이라는 말처럼 그 속에서 동화되고 늘 주변의 눈치를 본다. 분수에 어울리지 않는 지위를 탐하지도 않고 가능한 남의 눈에 띄려고 하지 않는다.

그러나 한국인은 그렇지 않다. 오랜 유교적 통제[4]로 억눌려 있어서 그랬을 뿐이다. 6.25 이후 발생했던 급격한 사회변동을 통해서

....

4 조선이 519년 동안 이어짐으로써 사농공상, 남존여비, 장유유서 등 수직적 통제문화가 견고해졌다.

한국인 본연의 성격이 나타나기 시작했다. 남을 의식하지 않는 것은 아니지만 항상 남의 눈치를 살피지는 않는다. 한국인이 남을 의식하는 경우는 자신과 비교되는 경우다. 타인보다 자신이 부족하다고 느끼는 경우에는 남을 의식하고 눈치를 본다. 뭐든지 다른 사람보다 뒤지지 않으려는 본성이 강하다. 그러나 자신의 분수를 정해 놓고 그 한계 속에서 살지는 않는다. 비록 지금은 보잘 것 없지만 언젠가 최고가 될 수 있다고 믿는다. 운이 없을 뿐이지 자신의 실력이 남보다 부족하다고는 생각하지 않는다. 당장 높은 자리를 준다면 사양하지 않고 받겠다는 사람이 대부분이다. 장관을 시켜준다면 하겠다는 사람이 장충체육관을 가득 채우고도 남는다. 이것이 한국인의 일반적 성격이다. 분수를 넘는다고 거절하는 일본인과는 반대다.

일본인이 비교적 조직생활에 적합한 성격유형이이라면 한국인은 성격적으로 조직생활이 그렇게 어울리지는 않는다. 각자가 사장이나 대표가 되고 싶어 한다. 조직 속에서 통제를 받는 것이 편하다고 느끼는 사람들이 일본인이라면 한국인은 조직을 끌고 나가는 입장을 선호한다. 그래서 한국인은 누구나 사장이 되고 싶어 한다. 커피숍에서 '김 사장님'하고 부르면 김 씨 성을 가진 수 십 명이 동시에 일어나는 나라가 한국이다.

디지털 경제에서 한국이 두각을 나타내는 것도 이런 한국인의 성격과 관련이 크다. 속도와 변화를 특징으로 하는 디지털 경제는 수백 번씩 고민하는 사람들에게는 부담스러운 구조다[5]. 유목 형, 이동형 인간이 한국인이라면 한 곳에서 깊이 있게 연구하고 차근차근 발전시키는 성격을 지닌 정주 형이 일본인의 특성이다.[6] '이동'을 뜻하는 모바일 폰이 한국 경제의 상징임에 비해 일본은 세계적인 스마트 폰을 만드는 기업이 없다. 구속받지 않는 자유로움을 추구하는 한국인의 본성이 디지털 시대를 맞아 본격적으로 그 진가가 드러나고 있다. ICT 정보화시대에 한국이 세계 최상위 정보통신 국가로 우뚝 설 수 있었던 이유는 이런 한국인의 특성이 뒷받침되었기 때문이 아닐까?

....

5 일본인의 특성으로 볼 수 있다.
6 한반도 인은 북방 기마민족의 후예라는 이야기가 많았다. 농업을 근본으로 하며 향촌의 유교적 통제를 강력하게 유지해온 조선시대부터 그러한 기질이 거의 사라져 버린듯하다.

I

대한민국 건국과 번영에
결정적 역할을 하다

미국

1
소련의 한반도 점령 야욕을 저지하다

'38선' 분단이 미국의 책임?

한국에서 미국을 비판하는 주장 가운데에 "미국 때문에 한반도가 38도선을 경계로 분단되었으며, 이 때문에 한국전쟁의 비극도 발생하였고 미국 때문에 아직까지 우리민족이 통일이 되지 못하고 있다. 그러므로 미국은 우리 민족의 불행의 씨앗"이라고 하는 주장이 있다. 진실은 이와 정반대다. "만일 미국이 38도선을 그어 소련군의 한반도 전체 점령을 막지 않았더라면 오늘날 한반도에는 대한민국은 없고 조선민주주의 인민공화국 밖에 없었을 것이다."가 진실이다.[1] 항시 거짓은 진실을 이기는 듯이 보인다. 그러나 거짓은 거짓일 뿐이다. 결국 시간이 흐르면 진실이 드러나게 되고 모두가 알게 된다. 38도선 분단 역시 마찬가지다.

미국은 일본이 항복하자마자 즉시 일본 본토는 물론, 한반도 내의 일본군으로부터도 항복을 받아야 했는데, 미군은 그때 한반도에

---

1 조화유, 최보식의 언론, 2022.06.14.

서 1천km 남쪽 멀리 오키나와에 있었고, 또 미군은 주로 일본 본토에 들어가 일본의 항복을 받아내는 데만 정신을 쏟고 있었기 때문에 한반도에까지 군대를 신속히 보낼 여유가 없었다. 한편, 한반도와 국경을 맞대고 있는 소련은 신속히 군대를 진입 시킬 수 있었다. 일본에 선전포고를 한 바로 다음날1945년8월9일에는 벌써 함경북도로 들어오기 시작했고 8월12일에는 청진, 나진, 웅기, 경흥 등을 점령해버렸다. 이런 속도라면 불과 2, 3주 사이에 소련군은 한반도 전체를 다 점령할 염려가 있었기 때문에, 일본이 항복을 선언한 1945년 8월 14일워싱턴 시각 밤늦게 서둘러 38선을 그어 거기까지만 소련군이 내려오도록 결정하여 소련 측에 통보했고, 소련이 이를 받아들였던 것이다. 만약 미국이 38선 제안을 하지 않았거나 뒤 늦게 했었다면 대한민국은 지금 존재할 수 없다.

1950년 6월 25일 이전의 한반도 상황
38선에 의해 남북으로 분단되어 있다.

왜 하필 38선인가에 대해서는 38선을 그은 당사자인 당시 미국 국방부 작전국 정책과 소속 딘 러스크Dean Rusk 육군중령後에 케네디, 존슨 대통령 밑에서 국무장관 역임의 증언을 보면, 일본과의 4년간 전쟁에 지친 미국 전쟁부국방부와 군 수뇌부들은 아시아 대륙에 들어가는 것 자체를 싫어했으나 국무부가 우겨서 한반도에 들어가기로 했다는 것이다. 그리고 최대한 한반도 북쪽에 선을 그어 소련의 한반도 전체 점령을 막으려했다는 것도 알 수 있다. 만일 미군 수뇌부의 고집대로 미군이 한반도 진출을 아예 포기했다면 한반도 분단은 없었겠지만, 지금 우리는 김정은 공산독재 밑에서 살고 있을 것이다.

그러면 미국 국방부의 반대에도 불구하고 미 국무부는 왜 미군의 한반도 진주를 원했는가? 그것은 소련 공산주의 확산을 막기 위해서였다. 나치 독일과 파시스트 이탈리아가 연합국미국, 영국, 소련 등에게 1945년 봄에 항복한 뒤, 소련은 대독對獨전쟁 중 점령한 동부독일을 비롯하여 체코슬로바키아, 폴란드, 불가리아, 루마니아 등 동 유럽 나라들을 전부 공산주의 국가로 만들어가고 있었다. 이 점을 잘 알고 있었던 미국 국무부는 소련이 일단 점령한 나라는 반드시 공산화시킨다는 확신을 가지고 있었다. 2차 대전 당시 소련군은 퇴각하는 독일군을 쫓아서 진격하는 중에 동유럽 지역을 통과하게 되었는데 이러한 과정에서 헝가리와 루마니아, 불가리아, 폴란드, 체코슬로바키아 그리고 유고슬로바키아 등의 동유럽국가에서는 소련을 추종하는 각 국의 공산 지도자들이 기존의 정부 및 그 정부를 지지하던 레지스탕스 단체들을 무너트린 후 소련을 지지하는 새로운 공산 정권을 수립했다. 그래서 소련군이 한반도 전체를 다 점령하는 것을 막기 위해 미국 육군의 반대에도 불구하고 미국은 38선에서 소련군의 남하를 저지시켰던 것이다.

만일 그때 미국이 38선을 긋지 않았다면 100% 분명한 사실은 다음과 같다. "소련군이 한반도 전체를 다 점령했을 것이고, 그 결과 대한민국은 탄생하지 못했다. 지금 우리는 조선 노동당이 지배하는 조선 인민민주주의 공화국에서 김정은을 친애하는 영도자 동지로 받들며 살아가고 있다."이것이 38선을 미국의 책임이라고 비난하는 자들이 반드시 알아야 하는 진실이며 그들의 숙원이라고 할 수 있는 남한의 공산화가 실현되지 못했던 이유이기도 하다.

반미주의 원인이 된 38선

미국이 없었다면 대한민국은 생겨날 수 없었다.

분명한 사실은 미국이 없었다면 한반도는 분단되지 않았다. 소련이 지배하는 공산세력에 의해 통일된 공산국가로 존재할 것이다. 이 글을 쓸 수도 없고 지금 우리 모두는 '경애하는 김정은 동지'에게 충성을 바쳐야만 살아갈 수 있다. 생각만 해도 온 몸에 소름이 돋는다. 세계 역사상 최악의 세습 독재정권이 북한 공산정권이다. 남한이 꽃 피워온 자유민주주의와 시장경제는 그 자체로도 기적이지만 유래를 찾기 어려운 북한의 전체주의 공산 왕조와 구분된다는 점에서도 세계사적 의의가 크다. 미국의 전폭적인 지원과 도움에 힘입어 경제수준이 상승하고 국민의 정치의식도 높아졌다. 그러나 정치의

식의 상승은 역설적으로 반미 감정도 증가시켰다. 지식인층을 중심으로 권위주의 군사정권을 지원하는 미국을 비판하게 된 것이다. 남한 공산화 의도를 멈추지 않는 북한 공산 세력을 저지하기 위해 미국은 반공을 국시로 삼는 한국의 군사정권을 지지할 수밖에 없는 상황이었다. 민주주의를 전해준 미국에 의해 민주주의를 체험한 한국 지식인과 정치인들이 민주주의를 위해 미국을 비판하는 역설적인 상황이 벌어진 것이다.

　미국을 비판하는 중심에는 남한의 군사독재를 비롯한 온갖 모순이 미국의 한반도 분단에서 비롯되었다는 잘못된 시각이 있었다. 이러한 시각의 배경에는 북한 공산세력의 온갖 선전 선동에 따른 것임은 두말할 필요도 없다. 미국의 도움과 배려로 한국이 경제적으로 발전할수록 역설적으로 대학을 중심으로 하는 반미 시위를 비롯해 북한의 사주를 받는 종북 정치세력[2]들의 반미 운동도 격렬해지게 된다. 반공을 명분으로 민주주의를 억압하는 군사정권에 대항해서 미국이 가르쳐준 민주주의를 지키기 위해 미국을 비판하는 모순이 1960년대 이후 계속되었다. 그러나 2000년 이후 반미주의는 종전과는 다른 성격을 띠게 된다. 그 전까지의 반미는 군사정권에 반대하는 야당과 진보인사들을 중심으로 하는 저항적 성격의 운동차원이었다. 그러나 좌파정권으로의 정권교체가 이루어진 후에 나타난 반

2　소위 주사파라고 불리는 북한 김일성 추종 세력들이다. 이들은 대학과 산업현장, 정부, 국회 등에 광범위하게 포진해 있으면서 대한민국의 공산화를 모색하고 있다.

미는 민간의 운동차원이 아니라 정권차원이라는 점에서 문제의 심각성이 있었다.

소위 진보 정권에 의해 한미 동맹조차 위협을 가하는 심각한 수준으로까지 반미주의가 격상된 것이다. 권력의 중심부에 대학 및 노동 운동권 출신들은 물론 친북인사들까지 광범위하게 참여하기 시작한 것이다. 주적이 북한 공산당이 아니라 미국이라는 기가 막힌 설문조사가 나오기까지 했다. 자신을 도와준 나라를 부인하고 비난하는 배신의 정서가 한국사회를 지배하였다. 마치 해방 후의 좌우대립과도 같은 극심한 이념적 대립이 미국에 대한 비판을 중심축으로 하면서 한국사회를 극도로 불안하게 만들어 갔다. 미국의 도움으로 세계 10위권의 경제대국으로 성장한 나라라고는 도저히 이해할 수 없는 자기 부정, 자기 파괴의 상황이 좌파정권 집권기간 동안 계속되었다. 안타깝다는 말 이외 한국사회를 설명할 말은 없었다.

2
북한의 남침으로부터 대한민국을 구하다

　지금도 비슷하지만 당시의 한반도는 공산국가인 소련, 중공, 북한으로 둘러싸여있었다. 공산 소련에 점령당한 북한에 비해 대한민국은 운이 좋았다. 자유민주주의와 문명세계의 중심인 미국을 만났던 대한민국은 천운이라고 밖에는 할 수가 없었다. 수 천 년 동안 주변 강대국의 침략으로 시달렸던 한반도는 미국의 도움으로 대한민국이라는 찬란한 성공의 역사를 써내려가게 된다. 미국은 땅과 재산[1]을 약탈하지 않았던 유일한 나라였다. 일본제국주의 패망으로 한반도에 잠시 희망이 깃들었으나 그것도 잠시 뿐이었다. 소련은 꼭두각시 김일성을 앞세워 1950년 6월 25일 남침을 했다. 파죽지세의 북한 공산군은 한반도 전역을 공산화하려 했다. 절체절명의 상황이었다. 그때 미국이 한국을 구하기 위해 군대를 보냈다. 바람 앞에 꺼져가던 촛불 같았던 대한민국에게 미국은 생명의 은인이었다.

　제2차 대전 종전 후 미국 전쟁부_{현 국방부}는 한반도의 전략적 가치

....

1 세계 최빈국이던 대한민국은 사실상 재산이라고 할 수 있는 것도 없었다.

가 없다고 판단했다. 이는 한반도에서 미군의 전면적인 철수와 소련에 의한 공산화를 사실상 허용하는 것이었다. 미국은 이승만 대통령의 강력한 요청에도 불구하고 해방 후 한국에 주둔했던 미군을 대부분 철수시켰다. 국경 경비를 위한 최소한의 병력만 한국에 남겨두고 모두 철수했다. 미군 철수에 이어서 미국은 동아시아 방어선인 애치슨라인[2]에서 한반도를 제외시켰다. 미국의 동아시아 방어 전략에서 한국이 제외 된 것이다.

북한은 소련의 전폭적인 지원으로 최신 무기를 갖춘 현대적 군대로 급속하게 변모해 갔다. 병력과 군수물자를 포함한 전력 면에서 남한과는 비교조차 할 수 없을 정도로 압도적 우위를 가지게 되었다. 또한 북한 공산당의 지령을 받는 남한 조선노동당남로당[3]은 독버

....

2 1950년 1월 미국의 국무부 장관 딘 애치슨은 스탈린과 마오쩌둥의 야심을 저지하고 태평양 지역의 공산화를 저지하기 위한 극동 방위선을 발표했다. 애치슨이 발표한 지역방위선은 알류산 열도에서 필리핀을 잇는 방위 선 안에 한반도와 대만을 포함시키지 않았다. 김일성은 1949년 한반도 내 미군의 철수와 애치슨라인에서 한반도가 포함되지 않은 것을 북한이 전쟁을 일으켜도 미국이 참전하지 않을 것이라 오판하였고 결국 애치슨 라인 선언은 한국전쟁 발발의 계기가 된다. 위키백과.

3 1946년 11월 조선공산당과 남조선신민당(新民黨) 및 조선인민당(人民黨)이 합동하여 창당되었다. 남조선노동당은 합법적으로 남한의 공산화공작을 계속하였고, 1946년 2월 민주주의 민족전선을 결성하여 민족분열을 꾀하였다. 1946년 8월 29일 북한에 북조선노동당이 결성되었으며, 1949년 6월 남북의 노동당이 조선노동당으로 통합됨으로써, 남조선노동당은 김일성 지배하에 들어갔다. 북한으로 간 남조선노동당 계열은 그 지도자 박헌영을 포함하여 1955년 말까지 온갖 명목으로 숙청 또는 처형되었다. 남조선노동당(南朝鮮勞動黨), 두산백과 두피디아.

섯처럼 남한 사회의 주요 분야에 퍼져 나갔다. 국회, 언론, 교육은 물론 군대 내부까지 침투했다. 제국주의를 거부하고 자주적인 독립 국가와 군대를 만들어야 한다는 공산주의 주장은 민족주의에 불타는 젊은 장교와 지식인들을 끌어들이기에 충분한 논리를 제공했다. 남한 지역에 광범위하게 세력을 확대하던 남로당은 전국적인 봉기와 시위를 주도하며 남한의 자유민주주의체제를 파괴하기 위해 전력을 질주했다. 결국 이런 남로당의 파괴적 선동과 폭동은 급기야 국군 내부에 공산세력을 조직화 시켜 국군을 무력화시키려했다.[4] 남로당남한 내 공산당은 제주 4.3 사건과 여수 순천 사건을 일으키며 남한을 극도로 불안한 상태로 만들었다. 이런 상황임에도 미국은 최소한의 경비 병력만을 남긴 채 모든 전투 병력을 한국에서 철수 시켰다.

미군이 떠난 한국은 사실상 좌익(공산세력)이 주도하는 나라가 되었다.

결국 북한은 6.25 남침을 개시한다. 아무런 능력도 대비도 않된 한국은 소련제 최신 무기로 무장한 북한의 적수가 될 수 없었다. 수도 서울은 물론 남한 전역이 순식간에 북한의 지배하에 놓이게 된다. 북한의 전력을 제대로 파악하지 못한 미국은 2개 규모의 대대급 병력을 한반도에 급파한다. 그러나 북한군의 전력을 과소평가한 대가로 순식간에 괴멸되었다.

....

4 조직적으로 국군 내부에 침투했던 남로당 소속의 장교와 하사관들을 6.25 이전 숙군작업으로 처리하지 않았다면 국군 지휘계통 붕괴로 인해 한국군은 6.25가 발발했을 때 완전히 무너져서 결국 남한 전역의 공산화가 이루어졌을 가능성이 크다.

낙동강 부근만 남은 대한민국
6.25 발발 3개월도 채 안되어 북한 공산군은 남한의 대부분을 점령했다. 대한민국은 공산화 되기 직전의 위기에 몰렸다.

사태의 심각성을 알게 된 미국은 일본에 있는 맥아더 원수에게 전권을 부여했다. 그리고 UN 안전보장 이사회가 소집되고 소련의 불참으로 거부권 행사가 이루어지지 못함에 따라서 기적적으로 UN 군의 한반도 파병이 결정되었다. UN의 이름으로 참전[5]한 16개 국가 에서는 전투병을 파병했고 많은 UN회원 국가에서는 의료진과 전쟁 물자를 지원했다.

....

5 미국을 비롯한 UN회원국 16개국에서 전투병을 보냈고 의료지원과 물자지원 국들도 수 십 개국에 이른다. 6.25 전쟁을 통해 사망한 군인은 국군 162,394명, 미군 36,574명, 기타 4,544명에 달하고 민간인 사망자수는 100만 명이 넘는 것으로 추산된다. 네이버 지식백과.

미국이 주도한 UN군의 참전으로 한반도는 가까스로 공산화위기에서 벗어났다. 미국은 해방 후 소련이 남한을 장악 못하게 막았을 뿐 아니라 6.25 전쟁 참전으로 두 번에 걸쳐 남한을 공산화로부터 벗어나게 했다. 미국에 의해 한국은 또 다시 기사회생 한 것이다. 한국전쟁에서 목숨을 잃은 꽃다운 나이의 미국 젊은이들은 3만 6천명이 넘었다.[6] 그들은 한국이 어떤 나라인지도 모르는 채 죽어갔다. 미국은 한반도를 일본 제국주의로부터 해방시키고 자유민주주의 체제를 선사했다. 또한 공산주의 국가들인 북한, 소련, 중공의 침략에 맞서 자신들의 피로써 대한민국을 지켜주었다.

1953년 7.27휴전협정으로 만들어진 휴전선

<hr />

6 미군은 6.25 전쟁 때 동방의 작은 나라를 위해 36,574명 전사자, 92,134명 부상자, 3,737명 실종자의 손실을 보았다. 윤일원 논설위원 2022.06.26. 최보식의 언론, https://www.bosik.kr

3
자유민주주의와 번영의 기초를 선물하다

서구문명과의 만남

한반도와 미국의 인연은 19세기말 미국인 선교사[1]들에 의해 시작
되었다. 최초의 의료기관인 호레스 알렌의 광혜원과 세브란스의대
를 설립한 언더우드, 배재학당의 아펜젤러 등이 대표적이다. 조선
백성들에게 최초로 근대 의식과 교육의 씨앗을 뿌렸던 미국 선교사
들의 조선에 대한 사랑과 실천은 일제 식민지 하에서도 근근이 이어
졌으나 신사참배를 강요하는 일제의 만행으로 결국 모두 조선 땅을
떠날 수밖에 없었다.[2] 조선에 파송된 기독교 선교사들은 추상적인

....

1 외국인 선교사들은 기독교 전파뿐 아니라 서양 사상, 문물의 소개·보급에도
힘쓰는 등 한국의 근대화에 많이 기여하였으나 일제의 신사참배 강요 및 전시
체제 형성에 따라 1940년대에는 대부분 추방되었다. 이로써 미국 등 서양과
한반도의 교류는 단절되었다. 하지만 이들 중 상당수는 해방 이후 다시 내한하
여 미 군정청의 고문으로 활동하거나 교회 재건에 나서는 등 다시 영향력을
행사했다. 『한국기독교의 역사 II』, 한국기독교역사학회 편, 기독교문사, 2012.
2 1937년 중일전쟁을 도발하여 대륙침략에 나선 일제는 1940년대에 들어와 서양
국가들과의 외교관계가 점차 악화되자 한국의 외국인 선교사들을 본국으로 송

102 제2부 번영의 비밀이 담긴 기가 막힌 퍼즐조각 7가지

신학을 가르친 것이 아니라 조선의 일상을 개혁하는 데 뛰어든다. 선교사들은 단순히 기독교만 전파한 것이 아니다. 그들이 가져온 기독교는 단순한 종교가 아니라 혁명의 불씨였다. 자본주의와 시장경제의 불씨, 민주주의와 인권, 개인의 자유라는 사상과 이념의 불씨, 그리고 근대라는 문명의 불씨였다. 그들이 가져온 혁명의 불씨가 발화하면서 전근대 봉건의 질서가 깊이 뿌리박혀 있던 이 나라에 변혁의 기운이 태동하기 시작했다. 그러나 그들이 뿌린 씨앗[3]은 훗날 대한민국을 통해 서 자유민주주의라는 찬란한 꽃을 피우게 된다.

한국은 미국을 만나게 됨으로써 비로소 문명적 상태를 접하게 된다. 본격적인 근대성을 자각하게 되었다. 19세기 말에 조선에 들어왔던 미국 선교사들이 전파한 기독교는 곧 민주주의였고 자유주의였다.[4] 미국 선교사들이 전파한 의료와 교육을 통해 인간이 평등하다는 사실과 신분제를 비롯한 온갖 억압적 사회질서가 도전받게 되었다. 미국에 의해 해방을 맞은 한반도 사람들은 미국이라는 나라의 이념과 제도를 통해 본격적으로 자유민주주의를 체험하게 되었다. 국민은 왕의 지배를 받는 신민이 아닌 자율적인 시민이라는 사실을 처음으로 깨닫게 된다. 왕이 통치하던 시대에 통치의 대상으로만 존재하던 개인들이 주권자라는 의식을 갖게 되었다. 지금은 당연한 말

....

환시켰고 1941년 태평양전쟁 발발 이후 대부분 선교사들은 억류·추방되었다. 네이버 지식백과, 외국인 선교사 추방 사건(外國人宣教師追放事件).

3 김용삼, [이 책을 주목한다] "이택선의 『카리스마의 탄생』", 펜앤드마이크, 2021.06.29.

4 함재봉, 『한국 사람 만들기 III 친미기독교파 1』, 에이치(H) 프레스, 2020.

이지만 이러한 깨달음과 경험은 봉건적 잔재로 가득했던 해방 후 한국인들에게는 천지개벽에 가까운 충격이었다. 미국에 의해 인간이라는 개별적 존재의 존엄성을 처음으로 깨닫게 되었다. 자유민주주의는 인류의 보편적 가치인 자유, 인권에 기초한 정치제도였다. 자유민주주의는 개인의 자유와 인권을 존중하고 사유재산권을 보장함으로써 개인의 노력과 능력에 따른 성취를 인정하는 제도였다. 마침내 한민족은 국가의 착취와 약탈로부터 자유로운 정치체제를 만나게 되었다. 대한민국 번영의 기적은 자유민주주의의를 기반으로 시작될 수 있었다.

개인의 자유 의지와 소망을 인정하고 자유로운 경제활동을 장려하고 지원하는 자유민주주의야 말로 5천년 한민족 역사에서 최초로 접해보는 축복이었다. 그러나 가난과 굶주림 속에서 살고 있었던 한국 사람들로서는 생소한 자유 민주주의 보다는 농사를 지을 땅과 살 집이 더 절실했다. 자유민주주의든 공산주의든 자신들을 배부르게 하는 것이라면 상관이 없었다. 자유가 얼마나 소중한 것인가를 대한민국 사람들이 깨닫게 된 것은 1950년 북한 공산군의 남침으로 시작된 6.25 전쟁을 겪고 난 후였다.

미국은 인간의 존엄성과 주권재민이라는 민주주의 보편적 원칙을 알려줬을 뿐만 아니라 인간이 인간답게 살아가는데 필요한 각종 문명의 이기들과 생활 도구들을 제공했다. 해방 후 미국에 의해 제공된 원조물자와 각종 물품들은 한국인들에게는 신세계 그 자체였다. 한국인들은 사람이 사람답게 살아가는데 필요한 물질적 수준이 어떤 것인지를 미국을 통해 처음으로 접할 수 있었다. 가난과 질병, 전통이라는 늪 속에서 허우적대며 근근이 살아온 사람들에게 미국은 진정한 해방의 가능성을 열어주었다. 한국인들에게 진정한 해방은 일제의 잔혹한 36년 식민지의 억압 보다는 수 천 년 동안의 가난과 굶주림으로부터의 해방을 의미했다.

한국이 미국을 만난 것이 행운이었음은 다른 나라들의 경우와 비교해 보면 분명해 진다. 프랑스, 독일, 이태리 등 유럽 열강의 식민지들은 독립 후에도 후진성을 면치 못했다. 더욱이 공산 소련의 영향력 아래에 있던 동유럽, 중앙아시아, 북한과 쿠바 등도 대부분 후진국으로 전락했다. 미국을 만나게 된 한국은 5천년 역사에서 최초로 도약의 기회를 얻을 수 있었다. 민주주의를 포함해 수많은 문명의 이기를 제공했던 미국으로 인해서 한국은 본격적으로 서구문명에 눈을 뜨게 되었고 적극적으로 발전된 문명을 받아들일 수 있었다. 한국이 비로소 서구 문명과 만나게 된 것이다.

대한민국 건국에 결정적 역할을 하다.

미국으로 인해 일제의 식민 상태에서 신음하던 한반도는 해방되었다. 1945년부터 3년 동안 미 군정이 실시되고 1948년 8월 15일 비로소 대한민국이 탄생하게 되었다. UN 감시 하에 남한만의 총선거가 이루어지고 대한민국 정부가 수립되었다. 대한민국의 건국에 결정적 역할을 하게 된 UN도 미국의 주도로 만들어진 국제기구였다. 한반도를 둘러싼 지정학적 상황Geopolitical은 공산주의 세력이 압도적이었다. 당시 남한에서 미국과 통할 수 있는 한국인은 거의 없었다. 독립지사를 비롯한 사회지도층 대부분은 중국과 소련에서 활동하던 사람들이었다.

　미국의 강력한 영향을 받은 대한민국은 민주주의를 최고 가치로 삼은 국가로 태어났다. 그 당시에 자유민주주의를 제대로 이해할 수 있는 한국인은 거의 없었다. 일본의 가혹한 민족말살정책으로 국민의 90%가 문맹에 가까웠다. 온갖 형태의 사상과 주의, 주장이 해방된 한반도에 쏟아져 들어왔다. 그러나 대부분의 사상과 이념은 사회주의와 공산주의적인 것들이었다. 식민지와 제국주의를 경험한 신생국가에서 볼 수 있는 일반적인 현상이었다. 인텔리라 불렸던 소수의 엘리트 계층은 대부분 사회주의에 기울어져 있었다. 사회주의와 공산주의 세력이 압도적인 상황이었다. 독립한 국가였으나 당시 남한은 세계에서 가장 빈곤하였고 국민들의 생활수준은 비참했다.

　이런 상황에서 온갖 선동과 거짓이 국민의 마음을 흔들고 있었다. 평등한 세상과 재산이 없는 자의 천국을 외치는 사회주의와 공산주의는 수 백 년 동안 지배층의 가혹한 통치에 시달려온 대다수 한국인들에게는 희망의 메시지일 수밖에 없었다. 대부분이 농민이었던 해방 직후의 한국 사회에서 지주의 토지를 재산이 없는 자에게 무상으로 분배한다는 사회주의자들의 주장은 남한에 공산주의가 뿌리를 내릴 수 있는 튼튼한 토양이 되었다. "북조선은 이미 농지개혁을 달성해 무상몰수 무상분배를 달성했다"는 북한 공산당의 선전은 남한 국민들에게도 광범위한 호응을 얻고 있었다. 제헌 헌법[5]도 사회주의적인 내용들이 포함되었다. 그러나 당시의 상황은 미국조차도 남한에 대해 그리 호의적이지는 않았다. 우선 한국을 이해할 수 있는 미국인이 미국 고위층에 거의 없었다. 미국은 일본을 중심으로 하는 태평양 전략에 주력하였다. 한국은 미국 상층부의 전략적 관심 대상이 아니었으며 일본과 소모사대만에 비해 한국의 중요성은 현격하게 낮았다. 한국이 미국을 모르는 것보다 미국이 한국을 모르는 사실이 더욱 심각한 문제였다. 한국의 운명이 미국에 달려 있었기 때문이었다. 대다수 한국인에게 미국인은 머나먼 곳에서 나타난 등치 크고 두려운 서양인일 뿐이었다. 그러나 미국이 없었다면 신생 대한민국은 공산화를 피할 수 없었을 것이다. 공산세력이 압도적이었던 당시 상황에서 대한민국이 공산화되지 않은 사실은 거의 기적에 가까웠다.

....

5 1948년 7월 17일 제헌국회에서 공포한 대한민국 최초의 헌법이다. 전문, 10장, 본문 103조로 구성되었다. 전문을 통해 기미 3.1운동을 통해 대한민국을 건립하였다고 명시하였으며, 제1장 총강 제1조에서 대한민국은 민주공화국임을, 제2조에서 대한민국의 주권은 국민에게 있고 모든 권력은 국민으로부터 나옴을 규정하였다. 아울러 평등의 원칙, 각종 기본권의 보장, 국민의 의무, 지방 분권, 대통령제, 삼권 분립 등을 명시하였다. 이밖에 조소앙(趙素昻)의 삼균주의(三均主義)를 기초로 하여 작성된 대한민국건국강령을 계승하였고, 균등 발전의 논리에 따라 경제권이 제한될 수 있음이 명시되었다. 제헌헌법(制憲憲法), 두산백과 두피디아.

'제2 대한민국 건국' 한미상호방위조약 체결

한미상호방위조약 체결[6]은 대한민국 제2의 건국이라고 할 수 있다. 집요하고 강력한 공산세력 앞에서 대한민국은 스스로를 지킬 수 있는 힘이 없었다. 극심한 빈곤으로 생존조차 어려운 상태에서 막대한 국방비를 감당할 수 없었다. 북한의 남침은 6.25로 끝난 것이 아니라 진행형이었다. 공산세력들은 대한민국의 공산화를 단 한 순간도 포기한 적이 없었다. 그러나 그런 공산세력에 맞서 국민의 생명과 재산 그리고 주권을 지켜나가기에는 신생국가 대한민국은 너무나 약했다. 마치 제대로 걸음마도 떼지 않은 어린아이에게 무장 강도가 덤벼드는 그런 형국이었다.

....

6 남한 단독으로 북진 통일을 주장했던 이승만은 휴전협정에 동의하는 대가로 한미상호방위조약 체결을 요구했다. 세계 최 극빈 국이 세계 최 강대국과 상호방위조약을 체결한 것이다. 이 조약으로 오늘날 대한민국의 자유와 번영의 토대가 마련되었다. 1953년 8월 미 국무부 덜레스 장관이 한미동맹 조약 체결을 위해 서울에 왔다. 덜레스 장관과 이승만은 조지워싱턴 대학과 프린스턴대학 동문으로 절친한 사이였다. 미 대통령이었던 우드로 윌슨도 프린스턴대학 총장이었을 때 당시 박사 생이었던 이승만과 가까웠다. 특히 그의 둘째딸 제시는 윌슨이 뉴저지 지사시절부터 이승만을 도왔었다. 그러나 이승만과 덜레스는 국익 앞에서는 한 치의 양보도 없었다. 북한의 남침이 있을 경우에만 군사원조를 하겠다는 미국의 주장에 대해 이승만은 한미 양국은 공산주의에 대항하는 자유 진영의 동맹국이기 때문에 항상 미국이 한국을 군사적으로 원조해야 한다고 주장했다. 결국 이승만의 주장대로 미군 2개 사단이 북한의 남침저지를 위해 한국에 주둔하고 한국군 20개 사단의 훈련과 각종 군사 장비를 미국이 계속 지원하기로 결정되었다. 이승만의 외교력으로 대한민국은 또다시 살아난 것이다.

숙명적인 빈곤과 굶주림에서 벗어나는 것도 절박했지만 우선 생명과 재산을 지킬 수 있는 방위력이 가장 시급한 과제였다. 그러나 6.25로 인해 엄청난 희생과 비용을 지불한 미국으로서는 대한민국에서 하루빨리 철수하려 했다. 최소한의 지원만 고려하였다. 일본중심의 태평양 방위가 미국의 변함없는 기본 전략이었다. 6.25는 3차 대전이 발발하지 않는 수준에서 마무리 했다. 한국을 위해 피를 흘리는 일은 더 이상 없다는 것이 미국의 일관된 입장이었다.

한미상호방위조약은 세계에서 가장 약한 나라와 세계에서 가장 강한 나라가 체결한 유래가 없는 조약이다. 미국은 유사시 한국을 도와주도록 되어있지만 한국은 미국을 지원해야한다는 내용이 없는 미국에게는 불평등한 조약이기도 했다. 시종일관 한국에서 벗어나려했고 최소한의 지원만을 고려했던 미국을 이승만이라는 외교의 천재가 협박과 회유, 대화와 설득을 통해서 얻어낸 기적의 조약이었다. 한미상호방위조약으로 인해 미군 2개 사단이 한국에 70년 동안 주둔하게 되었고 그중 미 2사단은 휴전선 최전방에 주둔함으로써 이른바 인계철선[7]이 형성될 수 있었다. 또한 조약으로 인해 미국은

....

7 주한미군 2사단을 지칭하던 말로, 북한군의 주요 예상 남침로인 한강 이북 중 서부 전선에 집중 배치돼 한반도 유사시 미군의 자동개입을 보장할 수 있다는 의미로 붙은 명칭이다. 우리나라의 경우 한·미 안보협력체제에 따라 한반도 위기상황 발생 시 주한미군 2사단이 자동 개입함으로써 인계철선의 역할을 한다는 의미의 군사용어로 사용된다. 즉, 북한의 남침 등 군사적 비상사태가 발생했을 경우 주한미군 역시 공격을 받게 되므로 미국이 자동적으로 개입하게 되기 때문이다. 특히 전방에 배치된 주한미군의 인계철선 기능은 군사적으로 중요하게 여겨졌다.

한국군에 대해 무기 지원을 포함한 국군 전력 강화를 위해 엄청난 지원을 했다.[8]

　그러나 이런 조약의 체결과정과 의미를 알고 있는 한국인은 거의 없다. 대한민국의 존속과 번영에 결정적 역할을 했던 한미상호방위조약을 가능케 했던 이승만 대통령에 대한 감사는 고사하고 반미운동권 세력들은 지금도 조약 폐지와 미군 철수를 외치고 있다. 한국전쟁에서 사망한 미군은 3만 7천여 명이다. 미국은 군사적으로나 경제적으로나 한국에 있어서는 형제국가이며 제1동맹국이다. 한국은 미국의 방위를 위해 단 한 명의 목숨을 바친 적도 없다. 그러나 미국은 한국에게 피를 나눈 형제 그 이상이었다.

....

8　한미상호방위조약 문안을 매듭짓기 위해서 이승만과 미 국무부 장관 덜레스는 치열한 공방을 벌였다. 이승만은 NATO처럼 공산군 재침 시 미군의 '자동개입'을 요구하였고 덜레스는 반대하였다. 치열한 의견 대립 후 마침내 한미합의각서가 발표되었다. 이승만이 요구한 경제군사원조 10억 달러 제공, 경제 재건자금과 자주국방에 필요한 군사력 증강 및 무기 현대화를 확보한 것이다. 미국의 원조는 해마다 박정희 집권 때까지 계속된다. 총액이 약 30억 달러에 달했다. 이후 미 대통령 아이젠하워의 초청으로 이승만은 미국을 방문하게 되었다. 이때 방미협상에서 끝내 관철한 가장 중요한 전리품은 주한미군의 최전방 주둔이다. 조약문에 '자동개입'이 빠진 대신 미군 2개 사단의 휴전선 침략루트 배치, 즉 '인계철선'을 얻어낸 이승만의 집념의 승리였다. 이승만은 북한남침을 막으려고 미군을 휴전선에 배치하라 요구했지만, 미국은 이승만의 '단독 북진'을 막으려고 응했던 것이다. 다시 말하면 "전쟁 하겠다"고 우겨서 미군의 주둔을 얻어낸 이승만 전술이었다. 합의각서 교환과 동시에 한미상호방위조약 비준서도 그제야 수교하였다. 그 순간 한미동맹이 발효했다. 1953.10.01. 서울에서 조인 후 15개월이 지난 1954년 11월 18일이었다. 국익을 위해 끝까지 포기하지 않고 일관된 주장을 했던 이승만의 승리였다.

한미상호방위조약과 관련하여 많은 사람들이 잘못알고 있는 것이 있다. 북한 공산당이 또다시 대한민국을 침략하는 일이 벌어질 경우에 한미상호방위조약에 따라 미군이 자동으로 개입하는 것은 아니라는 점이다.[9] 자동으로 개입하도록 돼 있는 것은 공산 소련의 위협으로부터 유럽을 지키기 위해 결성 된 북대서양조약기구NATO[10]가 유일하다. 한반도에 전쟁이 발발하게 되면 미국 대통령이 선제적으로 군대 파견을 결정하더라도 60일 내에 의회 승인을 받아야 한다. 미국의 정치적 양극화 심화에 따라 과거 6.25와 같이 미국 의회의 신속하고 전폭적인 동의를 기대하기는 어려운 상황이다. 또한 미군이 전방에 대거 배치돼 있을 때는 '인계철선'역할을 해 북한군이 함부로 도발하지 못할 것으로 기대했으나 전방의 미군부대가 대부분 경기 평택시 등으로 이전한 지금은 그 같은 인계철선을 기대하기도 어렵다.

....

9 "우리 국민 가운데 상당수가 한미동맹을 별거 아니라고 생각하거나, 당연한 것으로 생각하는 경향이 있는데 평화는 거저 주어지는 게 아니다. 더구나 한반도 유사시 미국이 군사적으로 자동 개입하는 것으로 오해하는 사람도 많다." 반기문 전 유엔사무총장

10 1949년 4월에 조인하고 같은 해 8월 24일부터 효력이 발생되었다. 그 후 NATO(North Atlantic Treaty Organization, 북대서양조약기구)는 유럽 내에서 반공세력을 형성하고 있던 서유럽 국가들의 기본적인 집단방위조약으로 지속되었다. NATO는 본래 목적은 소련에 대한 집단안전보장이었으나 1980년대 말 소련의 광범위한 개혁으로 냉전 구도에 큰 변화가 일어났다. 그 영향으로 NATO는 군사동맹에서 벗어나 유럽의 국제적 안정을 위한 정치기구로 변화를 시도하게 되었다. 소련의 붕괴로 바르샤바조약이 폐기되었고 러시아의 강력한 반대에도 불구하고 1999년 3월 체코·폴란드·헝가리 등 동유럽 국가들도 회원으로 가입하였다. 북대서양조약기구(North Atlantic Treaty Organization, 北大西洋條約機構), 두산백과 두피디아.

경제적 지원과 원조

지금 UN 회원국은 193개국이다. UN에 속하지 않은 나라를 모두 합하면 200개가 넘는다. 대 분기 시대[11]라고 불리는 1820년대부터 일류국가의 숫자는 변동이 없다. 20개 정도의 일류 국가를 제외하면 대부분 중·저소득 국가와 가난한 나라들이다. 약 200 여년이 지나도 일류 국가의 숫자가 변함이 없다는 사실은 그만큼 일류 국가 되기가 어렵다는 의미다.

비록 낮은 정치수준으로 인해 종합적 측면에서는 일류 국가에 포함되지 못하지만 한국의 경제력은 세계 10위권이 되었다. 기적이 아닐 수 없다. 어떻게 이런 기적이 일어날 수 있었을까? 작년에 미국 국무부 고위직이 "한국 같은 과거 극빈국가에서 삼성이나 현대차 같은 초일류 글로벌 기업이 어떻게 나올 수 있었는지 그 이유가 정말 궁금하다"고 했다고 한다. 만약 미 국무부에서 워싱턴의 주미 한국대사관에 그와 같은 질문을 했다면 우리 대사관에서는 뭐라고 했을까? 아마 당황했을 것이다. 생각해 본 적이 없기 때문이다.

전쟁으로 폐허가 된 나라가 누군가의 도움 없이 스스로 일어설 수는 없다. 불과 몇 십 년 만에 회복을 넘어 선진국의 대열에 드는 것은 더더욱 불가능하다. 그 불가능을 가능으로 만든 나라가 한국이다. 그리고 그 기적을 가능케 했던 나라는 미국이다.

....

11 대 분기(Great Divergence)는 1820년 동서양 생활수준 격차가 벌어진 기점을 지칭한다. 산업혁명을 받아들인 관점의 차이가 동서양 격차를 만들었다는 것이다. 김태유, "패권 가를 2차 대 분기, 기업·과학자가 시대 주역"

지구상에는 미국의 도움을 필요로 하는 나라들이 수도 없이 많다. 그렇다면 왜 한국만 그렇게 특별하게 미국의 지원을 받을 수 있었을까? 박정희 군사 쿠데타 이후 미국 케네디 대통령이 군사 정권을 인정하지 않아 일시적으로 경제 원조를 받지 못한 적이 있었다. 박정희 정권은 자주 국방을 실현하기 위해 독자적 미사일 개발과 핵무기 개발을 시도함으로써 카터 정권과도 심각한 상황에 이르기도 했다. 그러나 그런 예외적 경우를 제외하면 한국은 미국의 특별한 대우와 특별한 지원을 계속 받은 유일한 나라라고 할 수 있다.

한강의 기적[12]은 미국의 도움이 없었다면 불가능했을 것이다. 과거 거의 모든 아시아 국가가 수출촉진정책을 펴고 있었지만 한국만이 매년 수출금자탑을 세울 수 있었던 것은 미국의 '바이 코리아 정책' 때문이었다. 1960년대 미국의 주요 지원 국가는 인도였다. 그러나 미국의 정책 변화로 주요 지원국이 한국으로 옮겨지면서 인도와 한국의 운명은 바뀌게 된다. 이때 미국은 전 세계를 대상으로 보호주의적 통상정책을 취하고 있었으나 한국에 대해서만은 예외적으로 우대 정책을 펴고 있었다. 한국은 40여 년간 미국 원조 20위권 안에 들었고 5년간 1위를 했으며 최소 10년 이상 GDP 대비 10% 이상씩의 원조를 받았다. 한국은 미국으로부터 아프리카 대륙 전체보다 더 많은 원조를 받았던 것이다.

....

12 박정희의 경제개발계획에 따라 1960년대 초부터 1980년대까지 한국이 이루었던 놀라운 경제성장을 말한다.

교육 시스템, 미국유학과 압도적인 문화적 영향

이승만 대통령에 의해 단행된 군사 영어 학교 학생들의 미국 유학을 시작으로 수많은 과학자들이 미국으로 향한다. 일제 식민지를 벗어난 대한민국은 무엇보다도 교육수준 향상이 시급했다. 국가 신설에 필요한 인재를 만들기 위해서는 높은 교육 수준을 갖춘 인재 없이는 불가능했기 때문이다. 본인 스스로의 체험을 통해 누구보다도 미국 교육 시스템을 잘 알고 있었던 이승만 건국 대통령에 의해 대한민국은 새롭게 주조 될 수 있었다. 어떤 틀에서 만들어 지느냐에 물건의 성패가 결정되듯이 국가의 흥망도 처음 주조할 때 어떤 틀 속에서 빚어지느냐가 결정적이다. 대한민국은 자유민주주의 국가인 미국이라는 틀을 통해 국가가 주조됨으로써 세계에서 가장 민주적이고 생산적인 발전의 토대를 만들었다. 반면, 공산주의라는 틀로 주조된 북한은 결국 세계에서 가장 비참한 나라로 전락했다.

대한민국은 세계 최고 수준의 미국 교육시스템과 각종 문화들을 스펀지가 물을 빨아들이듯이 신속하고도 확실하게 흡수했다. 대학이 폭발적으로 늘어나고 미국 유학을 마치고 귀국한 인재들이 대학 교수 층을 형성함으로써 경영, 공학, 의학을 비롯한 한국의 대학 수준도 급격하게 상승했다. 이러한 높은 교육 수준은 인재 풀을 형성함으로써 정부와 기업에 최고 수준의 인재들을 공급할 수 있었다. 독립심 그리고 합리적 개인주의를 추구하는 미국 교육 시스템이 수직적 위계질서에 익숙한 한국인들을 변화시키는 데는 긴 시간이 필요 했다. 그러나 교육을 포함한 미국 문화의 매력과 유용함이 시간이 흐를수록 한국인에게 미국이라는 나라를 가깝게 만들었다. Made in USA라는 말은 한국인에게 '최고'라는 말과 동의어가 되었다. 미국은 모든 면에서 한국인에게는 최고의 나라가 된 것이다.

미국은 한국인이 이민을 갈 수 있는 지구상의 몇 안 되는 나라중의 하나였고 또한 6.25 전쟁고아를 비롯한 수많은 한국 어린이들이 홀트 등 입양기구를 통해 미국으로 건너가기도 했다. 관용과 풍요로움을 동시에 지닌 미국은 가난을 벗어나기 위해 사투를 벌이던 1950~1970년대 한국에게는 말 그대로 구세주와 같은 존재였다. 미국으로 인해 안보와 생존이 해결된 한국은 이제는 미국의 도움으로 스스로를 발전시켜 나갈 수 있는 교육과 지적 능력을 키울 수 있었다. 개인의 자발적 노력과 자수성가를 높이 평가하는 미국인의 사고방식과 가치관은 도전정신으로 가득한 한국인에게는 안성맞춤이었다. 미국이라는 학교의 최고 우등생으로 한국인은 늘 최상위에 랭크되었다. 한국인의 경쟁상대로는 아시아에는 일본인 정도였고 전통적인 우수그룹인 유태인이 있을 뿐이었다. 최고의 모범생 대한민국은 미국의 유형무형의 지원과 도움으로 엄청난 성과를 거두게 된다. 한강의 기적이라 불리는 경제 성장이었다.

자유무역시스템

로마가 지중해를 지배하기 전 지중해는 해적의 바다였다. 비싼 물건을 싣고 바다로 나가는 배들은 해적의 제물이 될 수밖에 없었다. 결국 바다를 통해 물건을 교역하는 배들은 사라지고 지중해는 아무도 다니지 못하고 교역도 이루어지지 못하는 죽음의 바다가 되어 버렸다. 로마의 강력한 군사력으로 로마가 지중해를 제패한 후 비로소 지중해는 해적의 바다가 아닌 항해의 자유가 보장된 평화의 바다가 되었다. '팍스 로마나'로마에 의한 평화의 결과였다.

국가 간의 자유무역시스템을 구축하려 했던 미국의 의도가 결실을 맺어 2001년 마침내 세계무역기구wTO가 출범했다. 미국이 만든 자유무역시스템으로 인해 가장 성공한 나라는 일본과 한국 그리고 중국이다. 세 나라는 모두 미국이 보장하는 팍스 아메리카의 자유무역으로 번영을 이룩한 나라라고 할 수 있다. 일본과 중국은 전통적인 강대국으로서 자유무역을 통해서 경제적 번영을 이루게 되었으나 수 천 년 동안 그들의 침략을 받았던 한국이 이룩한 번영은 그야말로 피와 눈물의 결과였다. 앞선 일본의 기술과 자본을 받아들여 단순한 경공업 위주의 조립 가공으로 시작한 한국의 수출은 미국 해군이 지켜주는 안전한 바다를 통해 아무런 제약과 위험 없이 5대양 6대주로 뻗어 나갈 수 있었다. 한국은 수 십 년간 수출 극대화를 통해 엄청난 번영을 누릴 수 있었다. 로마가 지중해를 안전하게 항해할 수 있도록 했듯이 미국은 태평양, 대서양은 물론 다른 바다들도 항해의 자유를 보장하였다. 미국이 지켜주는 해상 안전으로 한국은 물론 세계의 무역이 번창할 수 있었다.

II

공산세력을 물리치고
자유 대한민국을 건국하고
발전시키다

이승만

1

대한민국위해 헌신한 세계적 인물에 대한
정당한 평가 필요

4.19 의거에 대한 이승만의 입장

이승만이 독재자로만 우리 역사에 기록되게 된 이유는 당시 집권 여당이었던 자유당1951.12~1960.4의 무능과 부패가 결정적인 작용을 했다.[1] 자유당은 3.15 부정선거[2]의 주범이었고 그로 인해 발생한

....

1 이승만의 내각은 독립 운동가들로 구성되었으나 그들은 민주주의 교육을 받지 못했고 대부분은 조선의 유교적 구습에 길들여진 한계를 지녔다. 6.25 전쟁을 겪게 되면서 국방부 장관을 비롯해 국정운영 능력이 부족했던 정부 고위층의 시행착오로 인명피해가 발생하고 그 과정에서 필연적으로 부정부패가 만연하게 되었다.

2 1960년 3월 15일에 실시된 4대 대통령 선거였으나 야당 후보인 조병옥이 사망함으로써 이승만은 단독 출마하여 당선되었다. 동시에 치루어진 부통령 선거에서 자유당 이기붕이 조직적인 부정선거로 당선되었다. 전국적인 저항이 일어났고 4.19 혁명으로 이어지면서 이승만이 대통령직에서 물러나게 되었다. 그러나 3.15 부정선거와 관련해서 많은 사람들이 대통령, 부통령에서 둘 다 부정선거를 했다고 착각하는데 3.15 부정선거는 부통령 선거에서만 벌어졌다. 대통령 선거는 민주당 조병옥이 사망하였기 때문에 부정선거가 애초에 불가능했다.

4.19 혁명[3]으로 붕괴했다. 이승만은 독재를 했으나 4.19가 발생하자 이를 깨끗이 인정하고 대통령직에서 물러난 인물이기도 했다.

"이승만은 스스로 사퇴함으로써 자신이 만든 자유민주 체제를 지켜냈던 것이다. 그는 장제스 대만 총통의 위로 전문에 '나는 위로받을 이유가 한 가지도 없소. 불의를 보고 일어서는 똑똑한 젊은이들과 국민을 얻었으니 이제 죽어도 한이 없소'라는 답신을 보냈다."[4] 4.19 때 학생들이 뛰쳐나온 것은 자유당의 횡포와 부정선거로 민주 체제가 위협받았기 때문이다. 학생들이 수호하려던 헌정 체제는 바로 이승만이 만든 것이었다. 이승만은 부상 학생들이 입원한 서울대 부속병원을 찾아와 "부정을 보고 일어서지 않는 백성은 죽은 백성이지. 이 젊은 학생들은 참으로 장하다"고 했다.[5]

자유당의 무능과 부패 그리고 부정선거는 모두 사실이고 부끄러운 한국 정치사임에 틀림없다. 자유당은 자신들의 권력 유지를 위해 수단방법을 가리지 않았다. 1875년생인 이승만은 그의 3번째 임기가 시작되던 1957년에 이미 82세 고령이었다. 지금 기준으로도 80세가 넘으면 고령인데 평균 수명이 50세를 갓 넘기던 시절이었다. 노쇠한 상태였고 일시적 치매 증상도 나타났다는 기록도 있었다. 이

....

3 1960년 4월 19일 학생과 시민이 중심 세력이 되어 일으킨 반독재 민주주의 운동으로, 자유당의 붕괴와 이승만 대통령의 하야로 이어졌다. 4.19는 반독재 민주주의 운동을 기념하는 법정기념일이 되었다.
4 인보길, 『이승만 현대사 위대한 3년』, 기파랑, 2020.
5 위 같은 책.

미 정상적인 신체활동은 사실상 어려웠을 것으로 추정된다. 이런 상황에서 장기집권을 도모하던 자유당 인사들이 이승만의 눈과 귀를 가리고 온갖 부정을 저질렀을 가능성은 충분하다. 그들은 이승만의 눈과 귀를 막고 노쇠한 대통령에게 계속해서 거짓 보고만 하였다. 온갖 좋은 얘기만 했다. 국민이 대통령을 매우 존경하고 있다는 등의 거짓말을 했다. 그러나 자유당의 부패와 무능으로 고통 받던 국민들이 이승만을 비난하는 것은 당연 했다.[6] 자유당의 온갖 부정과 악행에 대한 최종 책임은 결국 이승만에게 있었다.[7] 그는 집권 여당이었던 자유당을 만든 대통령이었기 때문이다.

....

[6] 이승만의 노력으로 맺어진 한미상호방위조약으로 국가안보 문제가 어느 정도 해결되자 이승만의 독선에 지친 국민들은 국가발전의 다음 단계, 즉 산업화와 민주화를 달성할 수 있는 지도자를 찾기 시작한다. 김용삼, [이 책을 주목한다] "이택선의 『카리스마의 탄생』", 펜앤드마이크, 2021.06.29.

[7] 저자 이택선은 이승만은 타고난 자질과 부지런함, 국제정치에 대한 안목뿐만 아니라, 국내 정치를 주도할 수 있는 권모술수까지 풍부하게 갖추고 있어 한국이 처한 험난한 현실을 헤쳐 나갈 수 있는 최고의 지도자였다고 평한다. 하지만, 동시에 그는 자신이 모든 것을 지휘하고 결정해야 안심이 되고, 약간의 권력을 나누는 데도 인색한 권력 지향적 지도자이기도 했다. 이승만에게 실망한 추종자들은 강력한 비판자로 변모했다. 이러한 배신의 경험으로 인한 외로움을 이승만은 이기붕과 그 가족에 대한 총애로 표출했다는 것이 이택선의 주장이다. 이승만에게 자신의 신념은 건전하고 틀림없이 옳은 것이었다. 하지만 이승만의 고집이 결국엔 측근에 대한 그릇된 믿음과 기용을 통해 자신의 카리스마적 권위를 허물었지만, 그는 이것을 깨닫지 못했다. 그러는 동안 사람들이 이승만에게 보여주었던 숭배 역시 자연스럽게 사라졌다. 4.19를 끝으로 그의 카리스마적 권위와 이상, 시대도 종언을 고했다. 김용삼, [이 책을 주목한다] "이택선의 『카리스마의 탄생』", 펜앤드마이크, 2021.06.29.

자유당의 부정과 비리는 국민들의 강력한 저항에 직면했다. 언론과 시민단체, 대학을 중심으로 지식인들은 연일 집회와 시위를 통해 부정선거와 부패로 국민의 기본권을 침해한 자유당의 반 민주주의적 행위를 규탄했고 결국 4.19 혁명으로 이어지게 되었다. 민주주의를 수호하기 위해 시민들이 일어선 결과였다.

'국가'라고 부르기조차 어려웠던 1950년대 대한민국 상황

1950년대 한국사회는 전쟁으로 인해서 모든 것이 파괴되었고 극심한 빈곤과 무질서가 일반적이었으며 국민 모두가 생존을 위한 아비규환과 같은 상황이었다. 1953년 한국의 GDP는 아프리카의 소말리아와 비슷했다. 지하자원도 부족했고, 훈련된 고급 인재도, 축적된 자본도, 인프라도 없었다. 이런 상황에서 이승만은 미국을 쥐고 흔들어 대한민국 안보와 생존에 필요한 것을 모두 얻어내는 데 성공했다. 그 대가로 이승만이 미국에 제공한 것은 "우리는 휴전에 반대하지 않겠다."라는 종이쪼가리 한 장이었다.[8] 세계에서 가장 약한 나라의 대통령이 세계 최강의 나라로부터 얻어 낸 놀라운 결과였다.

그러나 당시 집권 여당이었던 '자유당'은 이름과는 달리 자유의 의미도 제대로 모르는 사람들이 대부분이었고 지금 우리가 생각하는 정당과 같은 조직적이고 체계적인 시스템을 갖추지 못하였다.

....

8 김용삼, [이 책을 주목한다] "이택선의 『카리스마의 탄생』", 펜앤드마이크, 2021.06.29.

한마디로 세계에서 가장 가난하고 가장 낙후된 나라의 정당답게 이름만 정당이고 실제는 동창회 정도의 사적 모임에 불과했다. 국민의 의식 수준인 '민도' 역시 80%가 넘는 문맹률이 말해주듯 매우 낮았다. 자유당, 민주당은 물론 정부와 민간 할 것 없이 한국 사회 전체가 매우 후

1950년대 이승만과 노인

진적 상태에 머무르고 있었다. 이런 상황 하에도 북한의 공산화 위협은 계속되었고 남한이 혼란할수록 북한의 지령을 받는 남로당과 간첩들은 더욱 사회 혼란을 심화시키고 있었다.

이승만의 잘못이 10이라면 자유 대한민국을 만들고 지킨 공헌은 100이다.

이승만에 대한 평가는 이러한 당시 한국사회에 대한 종합적인 이해가 선행될 필요가 있다. 한마디로 말해서 6.25 전쟁을 겪은 한국 사회는 미국의 도움이 없었다면 국가 유지 자체가 불가능한 상태였다. 부정과 부패, 비리와 무능은 이승만이 아닌 다른 자가 대통령이었다고 해도 크게 다르지 않았을 것이다. 그러나 다른 자가 대통령이었다면 대한민국은 유지되기 어려웠을 것이다. 특히 자유민주주의를 헌법에 보장했던 자유 대한민국은 계속되기 어려웠을 것이다. 그래서 이승만에 대한 올바른 평가가 필요하다. 대한민국의 건국과

존립에 기여한 공을 먼저 살피고 그가 잘못 이끌었던 자유당의 부정과 무능에 대한 평가를 할 필요가 있다. 대한민국이 계속 유지될 수 있기 위해서는 무엇이 더 중요한 일이었는가를 비교해 봐야 할 것이다. 다만, 판단의 기준은 지금의 기준이 아닌 1950년대의 기준이 되어야 한다.

2
독재자라는 한 단어로 이승만을 규정할 수는 없다

왜 이승만을 몰랐을까? 왜 이승만을 알려고 하지 않았을까?

"세간에 일반화된 이승만 인식은 모두 반대 세력의 관점에서 만들어진 것이다. 학계에서는 이승만에 대해 객관적인 접근 노력조차 하지 않았다. 독재자로 낙인찍어 그 실체를 완전히 매장시켰다."[1]

"해방 공간1945~1948에서 한반도를 공산화하려 했던 소련의 스탈린이 짜놓은 프레임에 여전히 갇혀 있는 것이다. '대한민국은 태어나서는 안 될 나라', '이승만은 분단의 원흉', '미국의 꼭두각시'가 모두 여기서 나왔다. 오늘의 대한민국을 만든 이승만과 그의 집권 시기에 대해 알려고 한 적이 없었다."[2]

70년이 지난 지금에도 여전히 많은 한국인이 건국 대통령 이승만을 모르고 있다. 70년 전에 알아 볼 수 있었다면 안목이 있다고 하겠지만 지금도 모른다면 안목 여부의 문제가 아니라 부끄러워해야

---

1 인보길, 『이승만 현대사, 위대한 3년』, 2020.
2 최보식, [최보식의 언론] "이승만을 '독재자'로 역사의 무덤에 매장시켜 … 지식인들 부끄러워해야!", 2022.04.19.

한다. 미국이 변함없이 건국의 아버지들을 강조하고 국민적 존경을 보내는 것은 뿌리를 튼튼하게 위함이다. 끊임없이 자신의 뿌리를 파헤치고 비난하는 나라, 그런 사람들이 판을 치는 나라에 밝은 미래가 있을 수 없다.

이승만을 제대로 알렸어야 할 우리사회의 책임 있는 자리에 있던 사람들은 무엇을 하고 있었을까? '독재자'라는 단 한마디의 낙인에 의해 이승만이 이룩하고 기여했던 모든 것이 묻혀 버렸다. 그리고 잊혀졌다. 더 정확한 말은 사라졌다가 맞을 것이다. 지워버렸다 라는 말도 타당하다. 이승만의 비극이고 대한민국의 비극이 아닐 수 없다. 이승만은 오직 '독재'의 동의어로만 한국인들의 기억에 남아 있게 된다.

왜 그렇게 되었을까?

이승만의 업적과 대한민국을 위한 노력을 밝히고 기록하고 알려야 할 위치에 있는 사람들의 무능과 무관심이 가장 큰 이유다. 소위 보수우파라고 하는 세력들과 거기에 속하는 사람들이 아무런 역할을 하지 않은 것이다. 어쩌면 그들 자신조차도 이승만에 대해서 제대로 알지 못하고 편견에만 사로 잡혀 있었는지도 모른다.

우리사회에 실제와 다르게 왜곡된 개념어들이 많이 있지만 그중에서도 대표적인 것이 '보수', '보수주의'라는 단어다. 북한 공산세력의 적화야욕으로부터 대한민국을 지키기 위해 '반공'이 곧 '보수'라는 등식이 오랫동안 한국사회에 성립되었다. 그러나 반공의 의미가 퇴색하기 시작하자 보수는 곧 기득권과 동일어가 되어 버렸다. 보수라는 단어가 주는 이미지는 뭔가 칙칙하고 부패하다는 느낌이다. 거기서 좀 더 나아가면 보수반동 내지는 수구 꼴통이라는 사회발전을 가로 막는 부정적인 의미로 변질된다.

보수, 보수주의는 그런 것인가? 과연 그럴까? 1,230년 동안 존속했던 로마제국과 산업혁명을 시작했던 영국은 지배적 정치 이념이 보수주의였다. 정치학적으로 복잡하게 정의하지 않더라도 보수, 보수주의는 경험과 실력을 중시한다. 로마와 영국이 그렇고 지금의 미국이 그러하다. 다른 모든 것처럼 보수라는 사상이나 보수주의라는 정치적 이념도 완벽하지는 못하다. 그러나 경험을 존중하고 실력을 중시여기는 보수주의는 급진적 혁명과 변화가 초래하는 피비린내나는 부작용 대신 점진적인 변화와 발전을 추구함으로써 사회의 안정적인 발전을 추구해 왔다.

보수주의의 가장 중요한 특징은 무엇보다도 상류층의 헌신과 희생이다. 로마, 영국, 미국 보수주의의 공통점은 상류층이 일관되게 실천해온 기부와 희생이다. 국가가 위기에 처하게 되면 귀족이나 부자들은 재산은 물론 자식과 자신의 목숨까지도 기꺼이 자기가 속한 공동체와 국가를 위해 희생하였다.[3] 그래서 그런 나라들의 상류층은

....

3 삼국 중 국력이 가장 약했던 신라가 삼국 통일을 하게 된 원동력은 화랑도로 대표되는 신라 상층부의 자기희생과 헌신이었다.

공익을 사적인 이익보다 우선시하는 전통을 수립해 왔고 항상 공적 가치를 상류층이 지켜야하는 최고의 가치로 여겨왔다. 이런 점에서 볼 때 한국사회의 보수주의는 선진국과는 많은 차이가 있다. 극단적인 빈곤과 전쟁이라는 한국적 상황은 충분히 이해가 가지만 그렇다고 보수의 핵심 가치와 의미가 달라지지는 않는다. 공익보다는 사익, 공동체에 대한 헌신과 자기희생보다는 출세와 이권추구에 몰두했던 한국의 보수 세력들을 냉정하게 평가한다면 전통적인 보수주의라고 부르기는 어렵다. 그래서 한국에서 보수라고 하면 기본적으로 이기적 상류층 또는 기득권 유지에 충실한 그런 성향을 지닌 사람들로 불리게 된 것이다. 어쩌면 이승만에 대한 총체적인 부정적 평가는 이런 한국의 왜곡된 보수가 초래한 비극적 결과라고도 볼 수 있다. 다만, 박정희가 이승만을 폄하한 것은 다른 이유가 있다.

'독재자'라는 정의definition는 짧지만 매우 강력했다.

이승만을 독재자라고 비판하는 한국인은 너무나 많다. 그러나 70년 넘게 독재를 넘어 共産王朝공산왕조를 이어가는 북한 김일성 – 정일 – 정은에 대해서는 독재자라고 비판하지 않는다. 국내 언론이나 방송도 별다른 비판을 하지 않고 있다. 이런 현상을 보고 있으면 신기하기조차 하다.

김용옥 한신대 석좌교수가 2020년 7월 16일 KBS 강연 프로 '도올 아인 오방간다'에 출연해 이승만 전前 대통령을 '미국의 傀儡괴뢰',

'國立墓地국립묘지에서 파내야 한다'고 발언한 이후 40 대 초반의 모 대학 교수가 고교시절 이승만 대통령은 1950년대 당시 세계 3대 獨裁者독재자라고 배웠다고 했다. 사실이 아님을 깨달은 것은 그가 고교를 졸업 후 20년이 지나서였다고 했다. 신문에 보도된 내용이다. 3대 독재자 정도(?)에 끼려면 3천 만 명을 虐殺학살한 소련의 독재자 스탈린, 대약진 운동으로 3천 만 명 이상이 굶어 죽고 문화혁명으로 수 백 만 명을 죽게 만들었던 모택동이 상위를 다툰다. 6.25 남침을 일으켰던 북한의 김일성도 얼마나 죽였는지 통계도 없다. 이승만 대통령을 그들과 같은 독재자라고 가르치는 교사가 지금 대한민국에도 있다. '이승만 건국 대통령 이야기'의 저자는 초등생들이 보는 책에서 대한민국의 정통성을 부정하고 북한을 미화하고 이승만, 박정희 대통령에 대한 공로조차 부정하고 과실만 부각시켰으며, 대한민국은 부끄러운 나라라는 오명을 씌운 것에 충격 받았다고 했다.

독재자들은 엄청난 腐敗부패로 재산이 많다. 러시아 독재자 푸틴도 엄청난 재산이 뉴스가 된다. 이승만 대통령은 하와이에서 募金모금하던 시절 1달러, 2달러 기부금도 모두 領收證영수증 처리를 했다고 한다. 미국 유학시절 이승만에게 강한 영향력을 끼친 캘빈주의 교파 스코틀랜드 장로교 목사들의 청교도적 정직함이 몸에 밴 결과다. 景武臺경무대 시절 프란체스카 여사는 이승만 박사의 양말을 기워 신기는 것으로 유명했다. 박정희의 拒否거부로 고국으로 귀국하지 못하고 하와이에서 눈을 감을 때도 재산은 아무것도 없었다고 한다. 해외로 엄청난 재산을 빼돌리는 개도국들의 독재자들과는 근본적인 차이가 있다. 엄청난 부패로 해외 토픽으로 보도되는 중국 공산당이나 푸틴 같은 러시아 독재자들과도 다르다.

대한민국 정치흐름이 '반독재와 민주화'라는 구도 속에 건국 후 50년을 흘러오면서 '반독재'라는 단어는 마치 신성불가침의 영역처럼 여겨졌고 '독재'라는 프레임과 낙인이 찍히기만 하면 그런 사실에 도전하거나 다른 의견을 낸다는 것은 불가능했다. 이승만이 한국 현대사에서 사라져 버리게 된 것은 조선 건국의 주역 삼봉 정도전이 조선에서 사라진 것과도 같았다.[4] 위대한 인물을 쉽게 지워 버리는 우리 역사의 비극이 아닐 수 없다. 한 개인에 대한 평가는 다양하게 나타난다. 그러나 초대 대통령을 역임했고 건국에 결정적 역할을 했던 지도자를 완벽하게 부정하고 낙인을 찍어 버리는 경우는 세계 역사에 있어서도 매우 드문 경우다.

국가나 왕조를 시작한 사람에 대해서는 잘못이 있어도 미화하고 때로는 신격화시킨다. 그로 인해서 새로운 왕조나 국가가 시작될 수 있었기 때문이다. 중국의 모택동, 베트남 호치민, 싱가포르 이광요는 물론 소련을 건국한 레닌 등 대부분의 국가가 그렇다. 왕조가 아직도 이어지고 있는 일본에서는 만세일계라는 황당한 주장을 근거로

....

4 1392년 조선 개국을 사실상 기획하고 총괄했던 삼봉 정도전은 1398년 이방원에 의해 암살되었다. 삼봉 이라는 말은 그 이후 476년 동안 조선에서 금기어가되었다. 대원군이 경복궁을 중건할 당시 경복궁의 이름을 누가 지었는가를 궁금하게 여긴 대원군에 의해 비로소 삼봉은 조선 역사에 다시 등장하게 된다. 경복궁, 창덕궁을 비롯한 조선 궁궐과 전각의 명칭은 성리학에 통달한 삼봉이 모두 지은 것이다.

천황은 신격화되기까지 했다. 왕조의 개국자는 오래 전에 존재하는 것이라 그렇다 치더라도 현대사의 인물들은 권력을 창출하는 과정에서 크고 작은 과오가 있을 수밖에 없다. 수많은 반대세력을 뚫고 자신의 주장을 관철시켜가기 위해서는 어쩔 수 없는 일이기도 하다. 그러나 어떤 나라들도 건국 지도자에 대해서는 찬양 일색이다. 가장 극단적으로 건국 지도자를 찬양하는 나라는 역시 북한이다. 한국은 극단적으로 건국 대통령을 부정하고 비난하는 유례를 찾기 힘든 특별한 나라에 해당한다. 이제는 이러한 한국만의 특별한 경향이 바람직한 가를 살펴 볼 때가 되었다.

이승만이 독재자라는 주장을 살펴본다.

독재자로 낙인 찍혔으나 진정한 자유 민주주의자였던 이승만

영국, 미국 등 민주주의 종주국들이 경제발전단계에 따라 100년 넘게 걸려 보통 선거권을 부여했으나 이승만은 국민소득이 50달러도 안 되고 국민 다수가 문맹인 나라에서 자유민주주의 기본권인 보통 선거권을 모든 국민에게 부여했다. 비판과 언론의 자유를 최대한 허용했다. 결국 그는 그가 최대한 허용했던 민주주의로 인해 쫓겨나게 된다. 자유민주주의 기본 원칙을 만들고 그것을 최대한 보장했던 사람을 우리는 50년 가까이 오직 '독재자'로만 부르고 있다. 지구상 어느 독재자가 민주주의를 만들고 인권과 자유를 보장했는지 참으로 궁금하다. 독재자의 의미에 대한민국에서만 통용되는 다른 특별한 내용이 있는지 궁금해진다.

이승만을 독재자로 규탄하고 쫓아내면 꽃 필줄 알았던 자유민주주의는 그가 사라지고 30년도 넘게 이 땅에는 돌아오지 않았다. 이승만이 한국인에게 선사했던 비판과 집회, 결사, 표현의 자유를 포함한 자유민주주의는 이승만과 함께 사라져 버린 것이다. 군사독재가 이승만이 사라진 이후 30년간 계속되었다. 한국사회에서 이승만 시대에 준하는 자유민주주의를 회복하기 위해서는 30년이 넘는 시간이 필요했다. 다시 말하면 이승만이 1950년대 초 대한민국 국민에게 부여했던 자유민주주의는 한국의 정치 경제 수준, 국민의식 및 행태 등을 종합해 볼 때 1993년 김영삼의 문민정부가 들어서기 전까지는 실현되기 어려운 것이었다.

독재자라는 프레임

한국에서 이승만을 독재자라고 규정하기 시작한 계기는 1954년 헌법 개정이었다. 그러나 헌법 개정의 내용을 살펴보면 독재라는 단어로 획일적으로 규정하는 것이 과연 올바른 것인가에 대한 의문이 들 수밖에 없다. "학계에서는 이승만 집권 시기에 대해 '독재자' 프레임에 봉사하는 논문만 써왔다. 우리 지식인들은 정말 부끄러워해야 한다. 지금의 대한민국을 있게 해준 객관적 사실에 대한 연구는 외면했다. 해방 3년 만에 대한민국 정부를 세운 것이 '이승만의 1차 건국 투쟁'이었다. 부랴부랴 건국은 해놓았지만 미완의 상태였다. 이승만은 6.25 전쟁 중에도 거의 혼자서 국내외 적들과 싸우며 대통령 직선제·한미 안보동맹·자유 시장경제를 채워 넣었다. 오늘날 우리가 누리는 자유 대한민국이 이 시기에 완성된 것이다."[5] 이승만은 당초 제헌국회에서 압도적 다수로 대통령에 선출됐다1948.07.20. 하지만 이승만은 1954년 초대 대통령의 임기 제한을 철폐하는 '사사오입 개헌'을 강행했다. 이 개헌안의 본질은 제헌헌법의 경제 조항을 전면 개정하는 것이었다. 절차는 비판받아야 하지만, 개헌안은 미국 경제원조 10억 달러가 들어오는 시점에 맞춘 경제 부흥 목적이었다. 제헌헌법에는 공산주의 및 사회주의식의 '국유화' '공유화' 같은 통제 규정이 들어있었다. 민간 기업에 대해서도 '공익성으로 규제할 수 있다'고 해놓았다. 개헌안은 이런 규정을 빼고 자유 시장경제 조항으로 바꿨다. 당시 정치인, 언론, 학생이 경제 조항 개정에 다 반대했지만, 개헌안은 그 뒤 이 땅에 자유 시장경제를 뿌리내리게 했다.[6]

> "당시는 휴전이 된 지 1년밖에 안 됐다. 북한에는 여전히 중공군 100만 명이 주둔하고 있었다. 언제든지 전쟁이 재개될 수 있다. 이런 상황에서 미국으로부터 안보 조약과 원조 자금을 압박할 수 있는 사람은 자신밖에 없다고 봤을 것이다. 당시 변영태 총리는 '이승만이 물러나면 수십 명의 우익 후보가 출마해 표 분할이 될 것이고, 이럴 경우 공산주의를 숨긴 좌익 후보가 당선될 게 뻔하다'고 말했다."[7]

임기제한을 없애려는 시도는 비판 받을 수 있다. 그러나 당시의 급박한 상황을 종합적으로 살펴본다면 이승만이 없었다면 한국은 존립이 어려웠다.[8] 1953년 7월 휴전협정이후 한미상호방위조약의

....
5 인보길, 『이승만 현대사 위대한 3년』, 기파랑, 2020.
6 위 같은 책.
7 위 같은 책.

세부내용을 확정시키기 위해 사활이 걸린 협상이 진행되고 있었고 1954.4 제네바 한반도 통일문제 회담에서는 한반도 공산화를 위한 소련, 북한의 전략에 UN 참전국 대부분이 동의하는 절체절명의 상태가 계속되고 있었다. 한반도는 또 다시 공산세력의 영향권에 들어갈 수도 있는 상황이었던 것이다. 이런 상황 속에서 대한민국의 유일한 희망은 '외교의 신'이라고 불리는 이승만 뿐이었다. 만약 그 때 이승만이 물러났다면 호시탐탐 한반도에서 손을 떼고 싶어 하는 미국으로서는 6.25 직전 상황처럼 한국에서 또 다시 철수 했을 가능성도 매우 높았다.

개인적 이득을 추구하기 위해 권력을 연장했다면 비난받아 마땅하다. 그러나 임기 연장을 통해 이룬 이승만의 업적은 결과적으로 대한민국을 구해 낸 것이었다. 이러한 이승만의 임기 연장을 단지 독재를 위한 권력 연장으로만 비난하는 것은 설득력이 부족하다. 민주주의 선거제도를 만든 미국의 경우도 대통령 연임제한 규정은 초대 대통령 조지 워싱턴 이후 160년이 지난 1950년대에 가서야 마련되었다.[9]

....

8 대한민국은 민주공화국을 표방하며 만들어졌지만, 언제 망할지 모른다는 위기의식에 시달린다. 이택선은 그 결과 대한민국은 좌파와 북한의 공작에 맞서 하루하루 살아남기 위해 과도한 민족주의 '오버액션'을 남발했다고 분석한다. 성급하고 충동적인 국가의 폭력 사용은 상당수 국민을 적으로 돌리게 된다. 그 결과 대한민국은 국가 밖에 '민족'이 존재하는 상황이 구조화되었으며, 이 문제는 21세기에 접어든 오늘날까지도 해결되지 못하고 있다는 것이 저자 이택선의 분석이다. 김용삼, [이 책을 주목한다] "이택선의 『카리스마의 탄생』", 펜앤드마이크, 2021.06.29.

6.25 한강 인도교 폭파 지시

이승만이 독재자라는 비판 외 가장 많이 받는 비난은 6.25 발발당시 한강 인도교 폭파를 지시했다는 내용이다. "이승만 자신은 도망을 이미 가버리고 나서 서울 시민들에게 피난 가지 말라고 하고선 한강 다리 끊어버렸다. 다리를 건너던 피난민들 500여명이 폭사하거나 심각한 장애를 겪는 위험에 처했다"는 내용이다. 수많은 국민들이 이승만의 이러한 행태에 대해 분노하고 비난 했다. 그러나 역시 이것 또한 역사적 사실과는 다르다. "실제로 한강 인도교 폭파 전날인 1950년 6월27일 오후 9시에 했던 방송에서 이 전 대통령이 말한 건 적이 서울에 다가오고 있으나 우리는 싸울 것이 전무하다. 그러나 맥아더 장군과 미군이 참전하기로 했고 빠른 시일 내에 도착할 것이며 이 좋은 소식을 국민들에게 전 한다"는 취지의 내용이었다. 다만 국방부가 '의정부를 탈환했다', '서울을 사수했다', '국민들은 안심하라'는 방송을 직전에 연달아 했기에 생긴 오해다. 폭파 지시자는 당시 육군 참모장 채병덕 소장이었으며, 폭파로 사망한 건 경찰 77명 이었다.[10]

....

9   프랭클린 D. 루스벨트는 미국 역사상 유일하게 3선 이상을 재임한 대통령인데 그는 '미국발 전세계 경제대공황'과 '제2차 세계대전'의 크나큰 위기 상황 속에서 지도력을 발휘해 4선(1932, 1936, 1940, 1944년 대선에 잇따라 당선됨으로써 1933년 3월 4일부터 1945년 4월 12일까지 재임)에 성공했다. 그러나 이는 초대 조지 워싱턴 대통령 이래 미국 대통령은 1회만 중임해 온 불문율을 깨뜨린 것으로써 그의 사망 뒤 22차 헌법 수정으로 대통령의 3선 금지가 성문화되었다. 1951.02.27.에 발효되었다. 나무위키 https://namu.wiki/w/%EB%AF%B8%EA%B5%AD%20%EB%8C%80%ED%86%B5%EB%A0%B9

10 최훈민, "고교 교사, 수업 중 '이승만은 생양아치 … 여자들 꼬시고 다녀'", 조선닷컴, 2022.05.18.

3

이승만이 없었다면 대한민국도 없었다[1]

왜 대한민국은 자유민주주의 국가가 될 수 있었을까?

무엇보다도 대한민국 초대 대통령이었던 이승만의 역할이 결정적
이었다. 이승만이 대한민국 국체國體를 자유민주주의, 시장경제체제
로 정한 것은 '신의 한 수'였다. 당시 전 세계적으로 사회주의 열풍
이 노도와 같이 번졌지만 유라시아대륙 극동의 한반도라는 남쪽 귀
퉁이에 있는 대한민국은 과감하게 자유민주주의를 선택했다. 거기
서 대한민국 번영의 씨앗이 뿌려진 것이다. 이는 이승만이라는 한
걸출한 정치인이자 사상가의 혜안 없이는 불가능했다.[2] 그것은 이승
만이 미국을 만남으로써 가능할 수 있었다. 대부분의 독립지사들이

....

1 해방 공간에서 대한민국 건국을 이뤄낸 것은 미군정의 좌우합작 노선과는 명
 백히 다른 길이었다. 한반도의 남쪽, 절반만이라도 빨리 정부를 구성하여 제
 목소리를 내야 독립을 이룰 수 있다는 이승만의 불굴의 의지, 다시 말하면 카리
 스마적 에너지가 미국의 정책을 바꾸는 원동력이 되었던 것이다. 김용삼, [이
 책을 주목한다] "이택선의 『카리스마의 탄생』", 펜앤드마이크, 2021.06.29.
2 디지털타임스, [이규화의 지리각각] "대한민국 상징광장에 대한민국이 없다",
 2022.08.12.

소련을 선택했던 것과는 다른 길이었다.

1904년 11월 미국으로 떠나[3] 1945년 해방이 되어 귀국할 때까지 미국을 발판으로 이승만은 상해 임시정부 초대 대통령을 역임하고 제네바 국제연맹에서 일본 규탄에 앞장 서는 등 한국의 독립을 위해 탁월한 국제적 역량을 발휘했다. 미국에서 대학조지 워싱턴 대 철학 - 대학원하버드대 영문학 석사 - 박사프린스턴 대 국제 법을 마쳤던 이승만의 놀라운 학력[4]과 그로인한 미국 최상위층과의 두터운 개인적 교분은 대한민국 건국 후에도 미국과의 두터운 우호 확립에 큰 역할을 했다. 이승만이 프린스턴 대 박사과정 시절 그 대학의 총장이 훗날 미국 대통령이 된 우드로 윌슨이었고 한국전쟁 당시 한미상호방위조약 체결을 위해 방한했던 미 국무부 장관 덜레스 또한 이승만 대통령과 동문이었다. 윌슨은 국제연맹을 주창했고 이승만이 1930년대 제네바

....

3 미국과 같은 나라를 만들고자 하는 이승만의 노력은 영어 공부에 매진하도록 했고, 이것이 고종에 의한 미국 밀사 파견으로 연결된다. 미국에 가서 한국의 독립을 주장할 정도의 논리력과 서양 문명에 대한 식견을 갖춘 인물은 이승만이 유일했기 때문이다. 미국으로 건너간 이승만은 자신의 배재학당 스승인 미국 선교사들의 도움으로 존 헤이 미 국무장관을 비롯하여 시오도어 루스벨트 대통령, 록펠러와 함께 스탠더드 석유회사를 창업한 세계적 기업인 세브란스 등을 면담했고, 미국 언론들과 인터뷰를 통해 한국의 독립을 주장한다. 하지만 미국의 정책은 이미 일본과 손잡고 조선의 독립 따위에는 관심을 거둔 상황이었다. 아무리 훌륭한 나라라 해도, 속마음을 내줄 정도로 믿어서는 안 된다는 확고한 철학이 만들어지는 순간이었다. 김용삼, [이 책을 주목한다] "이택선의 『카리스마의 탄생』", 펜앤드마이크, 2021.06.29.
4 1905년부터 1910년까지 학사부터 박사까지를 5년 만에 마침으로써 미국인들을 놀라게 했다. 이승만의 천재성이 돋보인다.

국제연맹 본부에서 활약할 수 있는 배경이 되었다. 덜레스는 한국의 국익을 논리적이면서 전략적으로 주장하는 이승만의 주장을 결국 거의 수용하게 됨으로써 한국의 안보에 기여하게 되었다.

건국 대통령 이승만에 대해서 부정적인 사람들이 많다. 독재자라고 믿고 있는 사람이 대부분이다. 그러나 대부분의 한국인은 이승만에 대해서 독재자라는 사실 외는 모른다. 다른 면이 있음에도 알려고 하지 않는다. 이승만을 부정하는 것이 마치 옳은 것으로 되어있다. 그러나 아무리 이승만에 대하여 부정적이라고 해도 사실은 변하지 않는다.[5] 사실은 지울 수도 없앨 수도 없다. 그 자체로 존재하는 것이다. 그래서 사실을 아는 것이 중요하다.

우리가 느끼고 있는 혼란과 불신의 대부분은 사실팩트을 모르고 있거나 잘 못 알고 있기 때문일 수 있다. 지금 우리는 포스트 트루스[6] 시대를 살고 있다. 사실과 진실을 알려는 노력이 부족하다. 보고 싶은 것만을 보고 믿고 싶은 것만 믿는 것이 일반적이다. 사실팩트을 알려는 관심과 노력은 매우 부족하다.

대약진 운동으로 3천 만 명 이상이 굶어죽고 문화혁명으로 몇 백

....

5 미국 제2대 대통령이었던 존 아담스는 사실은 변하지 않는 것이라고 말했다. "Facts are stubborn.", John Adams. Thomas Sowell, "*Wealth, Poverty and Politics*", Basic Books, 2015.

6 리 매킨타이어, 『가짜 뉴스와 탈 진실의 시대, 포스트 트루스』, 도서출판 두리반, 2019.

만 명사실상 중국에서 통계숫자는 무의미하다이 죽었지만 그런 비극들을 주도한 모택동에 대해 후일 등소평은 '功공 칠 過과 삼'이라고 짧게 말했다. 아무런 격하 운동도 일어나지 않았다. 중국 화폐에는 오로지 모택동 단 한사람만 나온다. 중공중국 인민공화국을 건국한 자이기 때문이다. 모택동이든 張三李四장삼이사[7] 든 누구든 잘한 것과 잘못이 있다.

이승만은 공산주의 세력이 압도적이었던 한반도에서 미국과 UN을 통해 자유민주주의를 지향하는 대한민국 건국에 결정적 역할을 했다. 미국의 자유민주주의 시스템을 한국에 이식하고 한미동맹을 구축해 번영의 틀을 만들었다. 그는 '외교의 신'으로 불리며 공산주의 침략을 물리침으로써 한국을 공산화 위기로 부터 구해내었다. 지도자는 국민의 수준과 유사하다고 한다. 여기에 유일한 예외가 있다면 이승만 건국 대통령일 것이다. 미국과 북한김일성이 가장 두려워했고 그 두 곳으로부터 모두 제거 대상 1호였던 위대한 지도자 이승만 건국 대통령. 정상적인 나라라면 외교 센터 이름이 이승만 센터이어야 하고 수 백 개 연구소와 기념관이 존재할 것이다.

미국 건국의 아버지 조지 워싱턴은 노예 소유주였고 미국을 식민지로 삼았던 영국군의 장교로 18년간 복무했다. 워싱턴은 미국의 적국인 영국군 장교 출신이었으나 230년이 지난 지금도 미국인들은 정파와 지역, 이념을 떠나 워싱턴을 국부로서 그리고 건국의 아버지

···················

7 장삼이사(張三李四) 장씨(張氏)의 셋째 아들과 이씨(李氏)의 넷째 아들이라는 뜻으로, 이름이나 신분이 특별하지 아니한 평범한 사람들을 이르는 말.(출처 : 국어사전)

로 존경한다. 미국과 한국의 수많은 차이점 중에서도 가장 큰 차이는 국부, 건국의 아버지에 대한 생각과 자세에 있다. 그 차이가 경제적 번영에도 불구하고 한국이 항상 불안하고 불완전한 상태에 놓여있는 이유라고 할 수 있다. 대한민국의 근본과 뿌리에 대한 생각이 흔들리고 불완전하기 때문이다.

이승만과 김구

2007년 여의도 통신이 국회의원 299명을 대상으로 '가장 존경하는 인물은 누구입니까?'답변 263명, 미 답변 36명라는 설문 조사를 했는데, 백범 김구가 압도적인 1위를 차지하였다. 하지만 이승만을 선택한 사람은 단 한 명도 없었다. 당시 김구를 1순위로 선택한 의원은 79명인데, 2순위와 3순위까지 합치면 모두 89명이었다. 김구는 모든 정당, 성별, 지역, 연령의 지지를 골고루 받았다[8]. 이 조사에서 존경하는 인물 1 순위 자는 이순신31명, 정약용16명, 세종대왕10명, 아버지 8명, 링컨7명, 간디6명, 안창호, 전태일, 장준하, 안중근, 루즈벨트이상 4명, 문익환, 박정희, 신채호, 김대중, 정조대왕, 만델라, 대처이상 3명 등 순이었다. 2017년 4월 세계일보의 조사에 따르면 15~18대 유력 대선 후보를 상대로 조사를 했을 때도 김구가 가장 많이 나왔다. 이인제, 노무현, 정동영이 김구[9]를 선택했다.[10]

....

8 김대호 사회디자인연구소 소장. 최보식의 언론, 2022.04.10.
9 10만원권 지폐 인물 후보 1순위도 김구였다.
10 최보식의 언론 2022.04.02.

지금까지 대한민국에는 두 사람의 정신적 지도자가 존재한다. 이승만을 '건국의 아버지'로 보는 보수진영과 김구를 '건국의 영웅'으로 보는 진보진영이 대립하고 있다. 문제는 양측 모두가 자기 진영의 지도자를 영웅시하는 데 머무르지 않고, 상대 지도자의 행적에 대해서는 폄훼하면서 인정하지 않는다는 것이다. 심지어 학계나 언론에서도 이승만이나 김구를 '건국의 아버지'로 언급하는 것조차 못마땅하게 여기는 경우가 적지 않았다.[11]

남한 단독 정부 수립을 반대하고 소련의 주장인 信託統治신탁통치를 지지하던 김구 선생은 민족 지도자로서 이순신 장군 급으로 존경받고 있다. 김구 주장대로 신탁통치를 받아들였으면 分斷분단은 안되었지만 100% 공산화가 되었을 것이다. 당시 미군정이 남한 국민 8천명을 대상으로 여론 조사한 결과 80%이상이 사회주의 또는 공산주의 지지, 14%가 자본주의 지지로 나왔다는 통계도 있다. 國際情勢국제정세를 판단하는 역량과 관하여 김구 선생과 이승만 대통령을 비교하기는 어렵다. 조선과 미국의 차이만큼 클 수밖에 없었다. 國際關係국제관계와 동아시아 미래를 꿰뚫고 있던 이승만을 알아보는 眼目안목을 지닌 한국인은 없었다.

김구는 대한민국 건국을 위한 남한만의 단독 정부 수립에 반대했다. 분단을 막고 통일된 국가를 수립하려는 김구의 민족통일 정신은

....

11 이승만과 김구, 누가 국부(國父)인가? '끝나야 할 역사전쟁' 저자인 김형석 박사의 글이다.(편집자 주) 최보식의 언론, 2022.08.17.

존중되어야하지만 당시의 객관적 상황을 놓고 볼 때 그것은 결국 남북한 전역을 공산화시키려는 소련 스탈린의 술수에 말려들 수밖에 없는 것이었다.

> "이승만이 철저하게 부정되는 동안 오랫동안 대한민국 국부는 김구였다. 좌파 진영에서 특히 이 점을 강조했다. 국부國父란 '대한민국 건립의 아버지'라는 뜻이다. 김구는 항일운동가·임정 주석·민족 지도자는 맞지만 대한민국 건국의 반대편에 섰다.[12] 대한민국의 탄생을 거부했다. 그는 대한민국 정부 수립을 막으려고 김일성과 협상하러 평양에 갔다."[13]
> "해방 직후 한반도의 중심인물은 소련의 스탈린이었다. 미국이 '남북 좌우 합작 정부'를 추진하려고 할 때, 북한을 점령한 소련은 한반도 전역의 공산화 계획을 세웠다. 연립정부를 통해 동유럽 국가들을 공산화시킨 전략전술이었다. 당시 스탈린이 평양의 소련 군정 사령부에 지령을 내린 '김구 포섭 공작' 문건도 있다. 김구는 1947년 출간한 백범일지에서 '가장 무서운 독재는 공산주의 계급 독재'라고 했지만,

....

12 그 시절 김구·김규식을 비롯한 대부분의 정치 지도자들은 좌우합작, 남북통일 정부 수립이라는 환상에 젖어 있었다. 하지만 미국의 정책이 이미 트루먼 선언을 통해 '공산주의 봉쇄'로 돌아서면서 전 지구적 차원에서 냉전이 선포된 마당에 공산주의와의 협의를 통한 통일정부 수립은 현실적 대안이 될 수 없었다. 다시 말하면 이승만은 당시 정치인들 중 냉전의 전개와 그로 인한 분단의 불가피성을 누구보다 냉철하게 파악하고 있었고, 그런 상황 판단 아래 단독정부 수립을 적극 추진하여 성공했다는 것이다. 이 책의 저자 이택선은 결론적으로 이승만의 행동은 냉전의 전개로 세계가 자유민주 진영과 공산 진영으로 나뉘는 가운데 남한 사회를 자유민주주의 진영에 편입시키는 진보적 결과를 가져왔다고 평한다. 김용삼, [이 책을 주목한다] "이택선의 『카리스마의 탄생』", 펜앤드마이크, 2021.06.29.
13 인보길, 『이승만 현대사 위대한 3년』, 기파랑, 2020.

남북한 총선거를 위한 유엔감시단이 오자 김일성과의 연립정부 카드를 꺼냈다. 당시 이승만이 중심을 잡지 않았으면 지금의 대한민국은 없었을 것이다."[14]

'대한민국 임시정부 귀국 봉영회'에 참석한 이승만과 김구(1948.12.19.)

　이승만과 김구, 이 두 사람은 1920년 12월 초 상해 임시정부에서 처음 만난 이래 줄곧 우호적이고 포용적인 관계를 유지했었다. 1945년 말 반탁反託운동부터 1947년 초반까지는 긴밀한 협력 관계였다. 호형호제하던 두 사람이 심각한 정치적 갈등을 겪게 되는 것은 1947년 12월 '장덕수 암살사건'부터 이듬해 5월 10일 총선거 이후라는 것이 보편적인 시각이다.[15] 해방 정국에서 김구의 마지막 비서로 동고동락한 선우진도 두 사람의 관계를 증언한다.

· · · · · · · · · · · · · · · · · ·
14 인보길, 『이승만 현대사 위대한 3년』, 기파랑, 2020.
15 이승만과 김구, 누가 국부(國父)인가? '끝나야 할 역사전쟁' 저자인 김형석 박사의 글이다.(편집자 주), 최보식의 언론, 2022.08.17.

"백범 선생이 지방 순시할 때, 국민들이 환영의 뜻으로 솔문을 세워서 '환영 국부김구주석歡迎國父金九主席'이라고 써 붙여 놓았습니다. 백범선생께서 그것을 보시더니 '국부國父는 한 나라에 한 사람, 이승만 박사뿐이니, 김구 옆에 붙은 국부라는 말은 떼어 내라'고 하셨습니다. 백범은 '앞으로 통일된 대한민국 초대 대통령은 이승만 박사가 되어야 한다'고 말씀하셨습니다. 국민들은 백범을 추앙하는데 정작 백범 선생은 이승만 박사만 내세우는지 모르겠다고 주변에서 답답해하는 사람들이 많았습니다. 저는 일점일획의 가식 없는 그분의 말씀을 믿습니다. 백범 선생은 외교에 밝은 '우남장 형님'이 초대 대통령이 돼야 한다고 판단하신 것 같습니다."[16]

대한민국의 국부가 반드시 한 사람이어야 할까? 미국처럼 여러 명이 될 수도 있을 것이다. 우리도 이제 분열과 대립을 위한 무의미한 국부 논쟁을 지양해야 한다.

---

16 위 같은 글.

4
가난 속에서도 번영을 위한 국가의 틀을 만들다

세계적인 지도자의 반열에 속했던 이승만

대한민국은 놀랍게도 민주주의를 헌법에 명시한 공화국이었다. 공화국을 만들기 위해서 많은 나라들이 엄청난 피를 흘려야했었다. 미국, 프랑스 등 자유진영은 물론 러시아, 중국 등 사회주의 국가들도 마찬가지였다. 미국 독립혁명이나 프랑스 대혁명과 같이 공화국을 만들기 위해 무수한 피를 흘리지 않고서도 대한민국은 건국 대통령 덕분에 공화국이 될 수 있었다. 그것도 민주공화국이었다. 그는 미국의 자유민주주의를 이 땅에 전파한 위대한 선각자였고 한평생 미국을 통해 대한민국의 발전을 모색한 전략가였다. 그러나 그는 결코 미국에 순종하지 않았던 후진국의 지도자였다. 그것은 미국인조차도 놀라워하는 학력조지워싱턴 대 학사 – 하버드대 석사 – 프린스턴 대 박사[1], 비

---

1 미국에서 학교를 다녀본 사람이라면 아는 사실이지만 명문이든 보통학교든 미국에서 대학을 졸업 한다는 것은 쉽지 않다. 이승만은 미국 사람들도 최소 12년 이상이 걸리는 과정(학부 – 석사 – 박사)을 5년 만에 마쳤다. 이승만의 전공이었던 철학, 영문학, 국제 법은 영어가 취약한 동양인들로서는 가장 힘든 분야

범하고 탁월한 친화력·외교력[2]과 그
모든 것을 뒷받침한 뛰어난 영어실력
으로 가능했다.

이승만 대통령 미국 시사잡지 TIME 표
지 1950년 10월호.

 이승만이 한국의 번영에 기여한 결
정적인 것은 미국을 활용했다는 사실
에 있다. 미국을 '활용'했다는 의미에
주목해야한다. 좀 더 구체적으로 말
한다면, 미국을 한반도에서 벗어나지
못하게 한 것이다. 미국의 힘으로 독
립할 수 있었던 한국이 승전국 미국
을 상대로 주장을 편다는 것은 상상하기 어려운 일이었다. 그러나
이승만에 의해 초강대국 미국은 세계 최 약소국에 줄곧 끌려 다니게
되었다.[3] '외교의 신'이승만이었기 때문에 가능한 일이었다. 이승만

 들이다. 지금도 그렇지만 그 당시 미국인들이 사는 웬만한 중소도시에서는 이
 승만의 학력을 가진 미국인은 없었다.

2 5년 7개월간 한성감옥 수감시절(1898-1904) 동료죄수 40여명에게 기독교를 전
 도해 교인으로 만들었다. 미국 선교사들은 몇 년 동안에 단 한 명도 전도를
 못했다고 한다. 미국 선교사들이 그 때부터 이승만을 주목했다고 한다.

3 이승만에게 한미상호방위조약을 체결해주고야 만 덜레스 미 국무장관은 이승
 만과의 협상을 "인류 역사상 열강의 국무장관이 약소국의 지도자를 만나 자국
 의 정책을 약소국의 정책에 맞출 목적으로 지구를 돌아 여행한 사례는 이것이
 처음이다"라고 표현했다. 심지어 그는 이승만에게 "역사적으로 미국은 귀하에
 게 제공한 정도의 것을 어느 국가에도 제공한 적이 없습니다"라고 실토해야
 했다. 김용삼, [이 책을 주목한다] "이택선의『카리스마의 탄생』", 펜앤드마이
 크, 2021.06.29.

은 한반도에 대한 영토 야욕을 지니지 않은 유일한 강대국인 미국의 가치를 한 번에 알아본 한반도[4] 인이었다. 미국을 통해 대한민국은 자유민주주의와 시장경제라는 번영의 시스템에 접목될 수 있었다. 바탕이 잘못 되고 기초가 엉망인 상태에 집을 지을 수는 없다. 얼마 못가서 무너지기 때문이다. 이승만은 한국이라는 집의 기초와 바탕을 튼튼하게 했다는 점에서 건국의 아버지로서 추앙받아 마땅하다.

대한민국 국익위해 미국에 당당하게 맞서다.

그러나 이승만의 진정한 위대함은 대한민국의 국익 앞에서는 세계 최강인 미국에 대해서도 비굴하지 않았고 당당했다는 점이다. 이러한 당당함과 자신감은 이승만이 스스로 노력한 성취와 실력을 바탕으로 한다. 그는 일제 식민지 시절을 포함해 대통령이 된 이후에도 대한민국의 생존을 위해 미국과 끊임없는 긴장, 갈등, 대립을 이어갔다. 그는 오직 대한민국의 독립과 국익을 위해 헌신했으며, 개인적인 입신과 안락한 삶을 추구하지 않았다. 그가 미국에 대해 기대하고 추구한 것은 한국의 생존과 번영을 위해 미국을 도구로 사용해야겠다는 의지뿐이었다.

미국으로 건너간[5] 이승만은 미국인들에게 영향력을 지닌 사람으

....

4 조선시대에 태어나서 일제 식민지 시대를 거쳐 대한민국 건국 후까지 생존했던 이승만(1875~1965)을 한국인으로 통칭하기에는 시대구분이 맞지 않으므로 대한민국 건국이전의 그의 활동 시기는 부득이 한반도 인으로 부르기로 한다.

로 인정받기 위해 학업에 전념하기로 결심했다. 미국은 태생적인 지위나 부의 세습보다는 스스로 성취한 자수성가를 높이 평가하는 나라였다. 이승만은 미국 최 상층부의 인사들조차도 놀라워하는 뛰어난 학업 성취를 이루게 된다.[6] 조선인 최초로 프린스턴대학에서 국제 법을 전공하고 박사학위를 취득한다.[7] 박사학위까지 소요된 시간은 5년여에 불과하였다. 이러한 수학과정에서 만났던 동문과 교수들은 훗날 이승만의 탁월한 외교력의 소중한 자산이 된다. 미국의 상층부와 수시로 교감하면서 미국을 꿰뚫고 있었던 이승만은 미국으로서도 호락호락하지 않았다. 자신의 입신과 출세를 목적으로 미국의 이익에 봉사하는 제3세계 식민지 출신의 흔한 엘리트들과는 차원이 달랐다.

맥아더 사령관부터 미국 국무부, 국방부 장관은 물론 미국 대통령 트루만, 아이젠하워까지 미국 최상층부의 모든 인사들에게 이승만은 결코 쉽게 다룰 수 없는 인물로 깊이 각인되었다. 지구상에서 가

....

5 1904년 8월 9일 특별 사면령을 받고 한성 감옥에서 석방되었다. 같은 해 11월 민영환(閔泳煥)과 한규설(韓圭卨)의 주선으로 한국의 독립을 청원하기 위해 미국으로 갔다.

6 1905년 2월 워싱턴 DC의 조지워싱턴 대학(George Washington University)에 2학년 장학생으로 입학. 1907년 조지워싱턴대학에서 학사, 하버드대학(Harvard University)에서 석사학위를 받았고, 1910년 프린스턴대학에서 「미국의 영향 하의 중립론」(Neutrality as influenced by the United States)이라는 논문으로 박사학위를 받았다.(출처 : 이승만(李承晩), 한국민족문화대백과, 한국학중앙연구원)

7 이승만이 취득한 이러한 학업 성취는 지금 시대에도 놀라운 일이지만 당시 미국의 상류층에서도 매우 이례적인 일이었다. 이승만의 뛰어난 역량은 미국 상층부의 관심과 주목을 받게 된다.

장 가난하고 힘없는 나라의 지도자가 지구상에서 가장 강력한 나라
의 지도자들에 대해 그렇게 당당하고 논리적으로 맞선 사례가 또 있
는지 모르겠다. 대등함을 넘어서 때로는 압도적인 개인 역량으로 미
국 지도자들을 설득해 내고 때로는 압박하고 심지어 협박까지 했던
후진국 지도자가 이승만 외에 또 있는지 모른다. 그러나 허위의식에
가득한 성리학자들이 아무것도 없으면서 내세우는 그런 헛된 자존
심[8]이 아니라는 점에서도 이승만은 달랐다. 미국의 의도와 전략을
꿰뚫어 보는 통찰력과 국제적 감각을 지녔음은 물론 미국의 최상류
층들도 무시할 수 없는 이승만 개인의 실력과 역량이 뒷받침 되었기
에 가능한 일이었다.

농지개혁으로 남한 내부의 공산화 위협을 극복

1950년, 1960년대 한국의 토지소유 평등지수는 세계 1위[9] 였다.
농지개혁은 한국 최초의 경제민주화 조치였다. 소작농은 매년 수확
량의 30%씩 5년만 내면 소유권을 인정받았다. 일제 강점기의 1년
소작료가 수확량의 50%였음을 감안하면 공짜나 마찬가지였다. 농지
개혁법은 1950년 3월 10일에 공포되었다. 이승만은 "춘경기春耕期가
촉박했다"며 시행규칙도 없이 속전속결로 밀어붙여 4월 15일까지

....

8 양반은 배가 고파도 냉수를 먹고 배부른 척 하는 그런 허위의식을 말함
9 세계은행은 2003년 정책연구보고서를 통해 "건국 초기 토지분배 상태가 평등
   할수록 국내총생산(GDP) 성장률이 높다", "한국은 1950년대에 토지개혁을 단
   행했는데 비해서 100여 개 가문이 국토의 절반을 소유 필리핀, 브라질의 빈곤
   원인은 토지개혁을 하지 못한데 있음"을 지적했다.

토지분배를 끝냈다. 자칫하면 두 달 뒤 일어난 북한의 6.25 남침으로 농지분배는 물거품이 될 뻔 했다. 대한민국 제헌 헌법은 경자유전耕者有田[10] 원칙을 못 박고 출발했다. 지주들에게는 재앙이었으며 헐값에 땅을 몰수당하고 받은 국채는 전쟁 중 인플레이션으로 휴지조각이 되었다. 몰락한 지주들은 "이승만은 김일성과 똑같은 놈"이라고 욕했다. 농지개혁이 없었다면 극심한 빈부격차와 그로인한 사회 혼란으로 남로당에 의한 남한의 공산화 기도는 성공했을 것이다. 북한의 무력에 의한 위협이 밖으로부터의 공산화 위협이라면 농지개혁 없는 사회 혼란은 남한 내부로 부터의 공산화 위협이었다. 해방 후 대한민국은 내외로부터의 절체절명의 공산화 위협에 처해 있었던 것이다. 대한민국은 이승만의 결단에 따른 농지개혁으로 공산화의 유혹과 위협에서 사실상 벗어날 수 있었다.

'외교의 신' 이승만이 지켜낸 대한민국

지금도 대한민국의 정체성을 부정하는 친북 세력들이 대한민국에서 활발(?)하게 활동하고 있지만 해방직후 한반도는 공산화될 가능성이 매우 높았다.[11] 당시 남한은 북의 지령을 받는 좌익이 압도적이

....

10 농지는 농민에게 분배한다.(제헌헌법 제86조)
11 해방 공간에서 이승만의 강력한 반소·반공 노선은 공산주의 친화적이고, 소련에 우호적인 입장을 견지하고 있는 국민들의 뜻과는 다른 길이었다. 일제 치하에서 독립운동을 하는 애국자들을 도운 것은 공산주의 종주국 소련뿐이었다는 현실 인식이 친소·친공의 모티프를 형성한 것이다. 김용삼, [이 책을 주목한

었으나 더 큰 문제는 한반도 운명을 결정지을 UN에서도 소련의 영향력이 막강한 상황이었다. 유엔총회 결의에 따라 남한만의 정부 수립을 위해 유엔 임시 한국위원단 8개국 대표들이 한국에 파견되었다. 남한만의 선거를 제안한 미국 안案에 찬성한 국가는 3개국에 불과했고 5개국은 부정적이었다. 인도 호주 캐나다 프랑스 시리아 대표들은 소련 측 주장을 지지했다. 대한민국은 탄생할 수조차 없는 상황이었다. 이승만의 탁월한 외교력이 빛을 발하였다. 반대하던 5개국 대표들을 이승만은 개별적으로 접촉해 전력을 다해 한국에 대한 지지를 호소하였다. 결국 그들의 동의를 받아 냈고 대한민국은 탄생할 수 있었다.

1953.7 휴전협정에 따라 1954년 4월 제네바에서 열렸던 19개국 한반도 통일문제 정치 회담에서 미국을 제외한 대부분의 유엔 참전국은 북한의 입장에 동조했다. 특히 영연방 국가인 영국 호주 캐나다 뉴질랜드 대표들이 북한 안[12]에 동조했다. 북한 안을 받아들이는 것은 대한민국의 사실상 해체를 의미했다. 이승만은 완강히 거부했다. 그래서 대한민국이 살아남을 수 있었다. 해방 후 UN한국위원단

....
다] "이택선의 『카리스마의 탄생』", 펜앤드마이크, 2021.06.29.

12 1954년 4월 26일부터 열린 제네바회담은 한국을 포함한 유엔 한국참전국들 가운데 남아프리카연방공화국을 뺀 15개국과 소련·중국·북한 등 모두 19개국의 대표들이 참가한 가운데 두 달 동안에 걸쳐 한반도 통일을 위한 선거 범위, 국제감독, 외국군 철수, 유엔 권위 문제 등에 관한 토의를 벌였다. 여기에서 영국·프랑스 측과 그 밖의 유엔참전국들 사이에는 대체로 남북한동시총선거를 주장함으로써 선거의 범위를 북한지역에 한정해야 한다는 한국과 미국의 입장을 견제하고 나왔다.(출처: 한국민족문화대백과사전, 제네바회담(一會談))

에 의해 대한민국 건국이 불가능해 질 뻔 했듯이 6.25 이후에도 대한민국 존립이 위기를 맞게 되었다. 그러나 두 번의 위기 모두 '외교의 신'이라고 불리는 이승만에 의해서 벗어날 수 있었다.

한미동맹의 시작

동맹은 친한 나라끼리 맺는 것이 아니다. '적'이 같은 나라들이 맺는 것이다. 적을 공유하는 것이다. 전쟁이 나면 한편이 되어 함께 싸우는 것이다. 한국과 미국이 동맹관계라면 한국과 미국의 아군·적군에 대한 관점의 차이는 있을 수 없다. 두 나라는 동맹관계이기 때문이다.

동맹이 성립하려면 미국상원 제적의 2/3가 찬성해야한다. 상원 100명 중 67명의 찬성이 필요하다. 6.25 전쟁당시 미국 상·하원의원 대부분은 한국에 대해서 관심은커녕 한국의 위치조차 제대로 모르는 실정이었다. 집권당이던 민주당은 물론 한국을 구한 영웅 더글라스 맥아더 원수[13]조차 미 의회 마지막 연설에서 미국 극동 방어선에 한국이 제외된 것은 언급하지 않으나, 포모사^{대만}의 포함을 강조하였다. 대만보다도 현격히 전략적 가치가 없어 미국으로부터 포기 대상이었던 나라가 한국이었다. 이런 상황 속에서도 이승만 대통령은 반공포로석방, 한국 단독 북진통일을 주장하며 미국을 압박해

....

13 1951.4 중국본토 공격주장 후 트루먼 대통령에 의해 파면(fired)됨으로써 56년의 군복무를 마치게 되었다.

서 상호방위조약을 체결함으로써 미국은 물론 유럽 국가들로부터도 '외교의 신'으로 불리게 되었다.

천재적인 국제적 안목, 외교에 국가의 운명이 달려 있음을 간파한 통찰력, 미국인도 놀란 최상의 영어 구사력, 세계최고 외교관이었던 이승만 초대 대통령. 경제도 국방력도 아무것도 가진 것이 없었지만 대한민국은 이승만을 가지고 있었다.

예나 지금이나 외교는 생존이며 안보 그 자체다. "경제는 몇 년 뒤쳐져도 회복할 수 있다. 그러나 안보는 다르다. 안보를 잃으면 모든 것을 잃게 되기 때문이다.[14]" 이승만 덕분으로 한국은 굳건한 안보를 확보할 수 있었다.

이승만과 맥아더 원수

....

14 저자 주.

이승만, 국가의 미래를 제시하다

해방 직후 80%에 달하였던 문맹률은 1959년 22.1%로 줄었다. 학생 숫자도 일제 식민지 시절에 비해 중학생은 열 배 증가했고 고등학생 3.1배, 대학생은 열두 배가 늘었다. 19개였던 대학도 63개로 늘었다. 이승만의 고급 인재 양성의지가 1953년 인하 공대 설립으로 나타났다. 하와이 교민들이 모은 돈으로 미국 MIT 공대와 같은 최고 수준의 공대를 설립하려 했다. 학교 이름을 "인하"로 한 것은 1903년 최초 미국 이민 출발지인 인천과 도착지인 하와이에서 한 글자씩 꾸어온 것이다. 한미군사 원조협정에 따라 매년 천명 이상의 장교들이 미국에 파견되었다. 미국의 선진 군사 전략, 전술 및 군대 운용 방식 등을 습득하기 위해서였다. 한편, 이승만은 국가 안보는 결국 스스로 지킬 수 있는 힘이 있어야한다는 확신에 따라 6.25가 터졌을 당시 3만 명에 불과하던 국군을 6.25 전쟁기간 중 무려 10배 이상 증가시켰다. 대한민국 국군은 이제 아무나 넘볼 수 있는 그런 존재가 아니었다. 불가능한 것을 가능케 하는 이승만의 위대함이 드러난 놀라운 결과였다.[15]

....

15 L'ARMÉE ROK APRÈS L'ARMISTICE(휴전협정 이후의 한국군대) … 1953년 9월 3일 로베르 길랭 프랑스 르 몽드지 아시아 특파원이 서울에서 송고한 기사이다. 기사 내용 중 일부를 소개한다. "미국 무기로 무장한 40만 명의 병사들, 최소 2년간의 치열한 전투 경험, 2년간 온전히 전방에서 보낸 장병들. 오늘날 남한의 군대를 수식하는 표현들이다." "UN군 소속 다른 나라들의 군대 규모와 비교해보자. 미군은 전방에 20만 명 이상을 투입하지 않았다. 영국, 프랑스, 벨기에, 터키 등을 모두 합치면 4만 명에 불과하다. 사단의 개수도 살펴보자. 한국군은 16개 사단을 동원했다. 반면 미국은 7개 사단, 그리고 영연방은 1개

대한민국 원자력의 아버지 이승만

"우리는 우리 원전 산업이 얼마나 눈물겨운 기적의 역사인지 잘 모른다. 원자력의 아버지는 이승만 대통령이다. 1956년 이 대통령은 문교부에 원자력과를 설치하고 문교부 창고에 모여 원자력을 독학하던 물리학과와 공대 출신 수백 명을 국비로 미국에 유학 보냈다. 1인당 국민소득이 100달러도 안 될 때 한 사람에게 6,000달러가 들었다고 한다. 이승만은 1956년 경무대를 방문한 미국인 전기기술자 시슬러를 통해 장래 에너지는 원자력임을 알게 되었다. 이승만 대통

사단을 동원했다." "한국군이 전선의 65% 이상을 담당했으며, 그 어떤 UN군보다 치열하게 싸웠다. 그리고 더 많은 피를 흘렸다." "이번 전쟁의 가장 놀라운 점 중 하나는 이와 같은 군대를 단 3년 만에 양성했다는 것이다." "전쟁이 터졌을 때 한국은 3만 명에 불과한 작은 병력을 보유했다. 어떻게 보면 이는 중화기로 무장한 경찰에 지나지 않았다. 초기의 몇 개 뛰어난 성과를 제외하면 전투에서 패배하기 일쑤였다. 군은 자신감을 잃었고 누구도 강한 한국군을 만들 수 있을 거라고 생각하지 않았다." "그러나 이제 군사학교가 급증하고 있다. 현역간부, 전역간부, 후방간부를 위한 교육이 이루어지고 있으며, 보병과 포병 및 통신병 등 모든 병과에 대한 교육이 이루어지고 있다. 또 미국에서의 연수기회도 제공하고 있다." "이는 포드의 공장라인과도 유사하다. 군인을 찍어내기 위한 공장 말이다. 하루에 병사 700명을 생산하고, 60명의 간부를 생산해낸다. 학생들은 허겁지겁 배우고 있다. 이니셔티브는 전적으로 미국인 교관들 손에 있으며 학생들은 이를 빠르게 습득해야 한다. "그런데 한국군은 이제 아시아에서 평가할 가치가 있는 유일한 강군이다." "한국군은 이제 아시아의 자유세계에서 공산주의에 대항할 수 있는 유일한 군대이다. 항상 놀라움을 자아내는 노회한 대통령 이승만은 중화민국, 인도네시아 등 보다 더욱 앞서나가고 있다. 장개석, 바오다이, 심지어 일본 요시다 수상마저 이승만과 같은 것을 보여주지 못한다." 신태환 논설위원, "1953년 르몽드지(紙) 기자가 본 이승만과 한국군대", 2022.08.12., 최보식의 언론.

령에게 처음으로 원자력발전을 소개한 미국인은 에너지는 땅속만이 아니라 사람 머리에서도 나온다고 했다. 머리에서 나오는 전기가 원자력이다. 미국과 원자력 협정을 체결하고 농축우라늄 공급의 길을 열고 문교부에 원자력과를 설치했다. 그리고 기술 훈련생들을 미국 아르곤 연구소에 파견했다. 1957년 국제 원자력 기구에 가입하고 원자력연구소와 서울대학교 원자핵공학과를 설립했다."[16]

이승만의 미국과의 전쟁

해방 후 미군정 시절, 하지 미 군정사령관은 미소공동위원회를 통해 한반도 문제를 조속히 마무리하기 위해서 소련과 협조하려했으나 이승만의 강력한 반대에 직면 했다.[17] 이승만은 소련의 한반도 적화 야욕을 간파하고 소련에 결사반대 했다. 하지는 그런 이승만이 눈에 가시였고 마침내 이승만을 제거하려고까지 했다. 미국의 주장에 반대하던 이승만을 잘 알고 있었던 미 국무부는 심지어 해방 후 이승만이 한국으로 귀국하는 것조차 협조하지 않았다. 이런 일들을 예상했었기 때문이었다. 너무나 강한 이승만은 미국으로서도 큰 부

....

16 양상훈 칼럼, "탈 원전 날벼락 기업에 '박근혜 한테 보상 받으라'", 조선일보, 2022.03.03.

17 2차 세계대전의 동지였던 미국과 소련이 우호적 관계를 유지하며 좌우합작이 대세를 이루는 상황에서도 그는 외로이 반공·반소를 외쳤다. 그에게 돌아온 것은 싸늘한 반응 일색이었다. 하지만 거짓말처럼 미소 냉전이 시작되었고, 끝내 적이 되었다. 그와 함께 찾아온 기회를 이승만은 놓치지 않고 대한민국 건국으로 연결했다. 김용삼, [이 책을 주목한다] "이택선의 『카리스마의 탄생』", 펜앤드마이크, 2021.06.29.

담이었다. 미국은 유엔 명의로 계엄령을 선포해 이승만을 감금한 뒤 군정을 실시하려는 '에버레디 Everready 플랜'을 검토했으나 결국 현실적 부담 때문에 그 계획을 중단했다. 이승만은 이런 미국에 맞서 한·미 동맹과 경제 원조를 얻어냈다. 자유 대한민국은 이승만이라는 한 개인의 신념과 외교 전략에서 이뤄진 측면이 컸다.

> "그의 자문역을 했던 로버트 올리버 박사는 '이승만은 신화 속 인물' 이라고 했다.[18] 밴플리트 당시 미8군 사령관은 미 청문회에서 '이승만은 자신의 몸무게만큼 다이아몬드를 갖고 있다'고 평했다."[19]

이승만은 미국이 가장 다루기 힘든 가장 가난한 나라의 지도자였다.[20] 대한민국은 세계에서 가장 존재감 없는 약소국에 불과했지만 대한민국은 세계가 주목하는 세계적인 인물을 지도자로 가지고 있었다. 미국은 이승만을 자신들의 영향력에 두기 위해 많은 노력을 기울였다. 그러나 미국의 노력은 결국 실패한다.[21] 외교의 천재라고

....

18 이승만의 미국에서의 망명 생활은 고난의 연속이었고, 어느 누구와도 타협할 수 없는 외고집의 길이었다. 로버트 올리버는 그런 이승만의 성격을 '불후의 고집불통'이라 표현했다. 위 같은 글.

19 인보길, 『이승만 현대사 위대한 3년』, 2020.

20 또한 이승만은 휴전협정을 체결하는 대가로 미국으로부터 커다란 약속을 얻어냈다. 미국과 한국 사이의 합의는 아직 공개되지 않았지만, 미국 언론에 따르면 미국 정부는 한국군 16개 사단을 22개 사단으로 증원할 수 있도록 지원할 것이라고 한다. 또 그동안 이승만이 독단적으로 만주를 폭격할까봐 망설이고 있던 한국 공군의 창설도 지원할 예정이다. 아울러 한국해군도 강화할 방침이다. 신태환 논설위원, "1953년 르몽드지(紙) 기자가 본 이승만과 한국군대", 최보식의 언론, 2022.08.12.

부를 수밖에 없는 이승만에게 미국은 계속 끌려 다녔고 마침내 이승만의 뜻대로 미국이 한국과 운명 공동체에 버금가는 강력한 결속을 맺게 되었다.[22] 이승만은 한반도가 미국의 세계 전략에서 대단히 중요한 지역이라는 점을 잘 이용했다. 전 세계적으로 공산주의 봉쇄정책을 추진하고 있던 미국은 그로 인해 자신들이 이해할 수 없고, 완벽하게 통제할 수 없는 소국에 전적으로 의존해야 하는 상황이 되었다.[23]

이승만과 미국 대통령 아이젠하워
웃고 있었으나 미국을 한국에 붙잡아 놓으려는 이승만과 한국에서 벗어나려는 아이젠하워의 치열한 물밑 대결이 진행되었다. 그러나 '외교의 신' 이승만의 승리로 끝나게 된다.

....

21 김용삼, [이 책을 주목한다] "이택선의 『카리스마의 탄생』", 펜앤드마이크, 2021.06.29.
22 한국전쟁 참전을 '내키지 않은 십자군 원정(The Reluctant Crusade)'으로 여기고 손을 떼려는 미국의 기류를 겨냥했다. 최빈국(最貧國) 대통령 이승만은 세계 최강국 미국의 외교안보 구도를 완강히 거부했다. 미국은 1952년 이승만 정부 전복 계획을 세웠고, 53년에는 이승만을 제거하고 아예 군사정권을 수립하는 '에버레디 작전(Plan EverReady)'까지 세웠다. 하지만 최종 승자는 이승만이었다. 그는 미국의 트루먼, 아이젠하워 두 대통령과 차례로 맞서 생명줄 한·미 동맹을 거머쥔 영웅이었다. 위 같은 글.
23 위 같은 글.

대한민국이라는 이름만 있었을 뿐 국가가 갖추어야할 역량과 시스템이 전혀 없는[24] 상태였다. 이승만 이라는 한 개인의 의지와 집념, 그리고 실력에 의해 대한민국이라는 나라가 미국과 상호방위조약을 체결하고 미국의 우방으로 자리 매김하게 된 것이다.

---

24 1945년 8월 일본이 패망하고 물러난 당시부터 1948년 대한민국 건국 및 1950년 이후 무렵의 대한민국은 지금 우리가 살고 있는 대한민국과는 나라 이름만 같을 뿐이고 세계에서 가장 가난하고 세계에서 국력이 꼴찌였던 다른 수준의 나라였다.

5

반봉건, 반일, 반공
그리고 자유민주주의로 일관했던 삶

조선말에 미국의 가치를 알아본 이승만

대한민국의 독립을 염원하며 수 십 년 외길을 대한민국의 평화와 발전, 통일을 염원했다.[1] 조선의 봉건주의, 일본의 제국주의, 북한의 공산주의와 싸운 이승만 대통령의 일관된 삶이었다. 폐쇄와 쇄국으로 암흑처럼 어두웠던 조선에도 비로소 서양문명이 들어오게 되었다. 조금씩 문명이라는 것이 들어오게 된 것이다. 아직도 모두가 문명의 빛을 두려워하고 피할 때 명석한 청년이 있었다. 독학으로 서양 문명의 필요성과 힘을 깨닫고 있었다. 그는 그 문명을 받아들여야만 조선 사람이 사람답게 살 수 있고 더 이상 굶주리지 않을 수 있음을 알았다. 그는 이승만이었다. 이승만은 서양문명의 핵심을 미국으로 이해했다. 거의 모든 지도층 인사들이 "우리가 살길은 러시아에 의지하는 것"이라고 확신하며 대륙을 쳐다보고 있을 때 오직

---

1 인보길, 『이승만 현대사 위대한 3년』, 기파랑, 2020.

한 사람, 이승만은 "우리의 살 길은 미국과 손잡는 것"이라고 외쳤다. 그는 마치 광야의 선지자와 같았다. 그가 발견한 미국은 기독교 국가이자 공화제, 민주주의 국가였다. 따라서 미국처럼 부강한 나라를 만들려면 미국 시스템을 받아들이는 것이 급선무였다.[2] 1885년 조선에 파송된 서양 선교사들은 거의 대부분이 미국인이었다. 그들은 복음주의 개신교Evangelical Protestantism라는 미국적 기독교를 조선에 전파한다.[3]

이승만은 5년 7개월의 한성감옥[4] 옥살이를 마치고 미국으로 향한다. 자신을 감옥에 넣고 죽이려했던 고종의 친서를 들고 미국으로 향했다. 피와 눈물로 점철된 이승만의 온갖 노력과 수고 덕분에 훗날 미국은 대한민국의 가장 든든한 동맹국이 된다. 기적이 아닐 수 없다. 기적이라는 말 이외에 무슨 단어가 있을 수 있을까? 메타버스를 타고 그 시절로 돌아가서 그 때의 상황을 다시 볼 수 있다면 눈물을 흘리지 않을 대한민국 사람이 과연 있을까? 지금 이렇게 잘살

....

2 김용삼, [이 책을 주목한다] "이택선의 『카리스마의 탄생』", 펜앤드마이크, 2021.06.29.

3 칼뱅주의와 복음주의가 혼합된 것이 미국의 복음주의 개신교다. 미국 특유의 개신교는 민주주의와 자유주의를 종교 안에 체화하고 있었다. 사실 미국인들에게 민주주의와 자유주의, 기독교는 동일한 개념이었다. 기독교의 정치적 표현이 자유개인주의, 자유민주주의, 자유시장주의였기 때문이다. 함재봉, 『한국사람 만들기 : 친미기독교파III-1』, H프레스, 2020.

4 고종이 독립협회 지도자들을 체포 구금하고 만민공동회를 무력 진압하는 과정에서 이승만이 박영효의 황제퇴위 음모에 연루됐다는 혐의로 5년 7개월 간 한성감옥에 투옥되었다. 이승만 저, 『독립정신』, 동서문화사, 2010.

고 부강한 대한민국은 그 때는 존재하지 않았다. 어디에 있는지 조차도 알고 있는 사람이 거의 없었던 나라가 대한민국이었다.[5]

이승만은 몰락 양반의 아들이었으나 젊은 시절 스스로에 대해서 양반이라는 의식이 없었으며 오히려 청년 시절에는 이씨 왕가와 권문세가에 대한 반감이 컸었다. 그가 미국 유학을 하고 박사 학위를 받고 나서 1910년 귀국하였을 때, "나라가 없어진 것은 슬프지만 왕[6], 양반, 상투가 없어진 것은 시원하다."라고 말했다.[7]

1897년 7월 8일 배재학당 졸업식이 열렸는데, 거기서 이승만이 졸업생을 대표해 '한국의 독립Independence of Korea'이라는 제목으로 영어 연설을 하였는데 그를 본 외국 선교사들과 외교관들이 그를 미래의 지도자로 주목하게 되었다. 결국 이 영어 연설이 훗날 이승만이 미국으로 진출하게 되는 결정적 계기가 된다. 고종의 친서를 지니고 미국으로 건너 간 이승만은 미국 기독교 인사들의 도움으로 미국에서 최상위 학력을 획득하게 됨으로써 미국 상류층과의 교분을 두텁

....

5 6.25 직후 미국 어느 하원의원이 동경에서 서울까지 차로 몇 시간 걸리느냐고 물었다는 얘기는 한국의 국제적 위상을 설명하는 유명한 일화다.
6 이승만이 고종을 "4,200년 동안 내려온 군주들 가운데 가장 허약한 겁쟁이 임금 중의 한 사람"으로 평가절하하고 그와는 아예 상종도 하지 않았음을 밝히고 있다. 절대황제권 시대에 황제의 부름을 일언지하에 거절하는 것은 쉽지 않은 일이다. 그러한 혁명가적 기질이 이승만의 사고체계를 작동시키는 원동력이었을 것이다. 김용삼, [이 책을 주목한다] 이택선의 『카리스마의 탄생』, 펜앤드마이크, 2021.06.29.
7 최보식의 언론, 2022.04.05.

게 형성하게 되었고 이러한 그의 뛰어난 개인적 역량은 훗날 그가 미국을 상대로 초인적인 외교력을 발휘하는데 큰 힘으로 작용한다.

이승만 사진
❶ 생애 전체 모습   ❷ 한성 감옥 시절(1899~1904)
❸ 영부인 프란체스카 여사   ❹ 젊은 시절 모습

1910년 2년 만에 프린스턴 대에서 조선인 최초로 국제정치학 박사_{엄밀하게는 국제법}를 받았다.[8] 학위 수여식 후 리셉션에서 이승만은 월슨[9] 총장에게 등록금을 돌려달라고 했다. 깜짝 놀란 월슨 총장이 그 이유를 물었다. "국제 법을 공부해 박사를 받았는데 공부해 보니 열강들이 전혀 안 지키는 법이니 공부한 것이 모두 헛수고였다. 그러니 돈 돌려주세요"라고 했다_{사실 학비는 면제}. 당시 박사논문 제본 비 20달러가 없어 전부 손으로 여러 부 베껴 쓰고 아르바이트해서 논문을 완성했다고 한다. 이승만이 국제 법으로 박사 학위를 받은 프린스턴 대학교 총장 우드로 월슨이 미국 대통령이 되고, 파리강화회의를 주도하면서 민족자결주의를 내걸자 한국인들은 월슨과 각별한 인연이 있는 이승만에게 큰 기대를 걸고, 그를 상해 임시정부의 대통령으로 추대[10]했다.

....

8 국제 법에 관한 그의 박사학위 논문은 프린스턴대학에서 단행본으로 출판하였고 우드로 윌슨 대통령은 제1차 대전 발발 당시 중립을 지키고 있던 미국의 입장을 미 의회에서 연설 할 당시 이승만의 박사논문을 직접 인용하였다. 그의 최상급 영어 능력은 격조와 내용 면에서도 지금도 놀라운 수준이다. 국제법 학자로서의 높은 지성과 학문능력 역시 세계적이었으나 그것은 그가 가진 능력 중 극히 일부에 불과했다. 통찰력·판단력·과단성·자기희생정신·추진력·돌파력·유머감각·설득력·논리력·분석력·발표력·문장력·친화력·정신력·외교력 등 일국의 대통령이 갖추어야 할 실력을 이승만은 모두 지니고 있었다.

9 미국 제 28대 대통령(1913~1921).

10 상해 임시정부 수립에 참여하기 위해 상해로 가는 중에 일본 감시를 피하기 위해 미국인 친구가 짜준 관속에 들어가 다른 중국인 시체들과 함께 상해로 밀입국했다.

0.6%의 의미와 飮水思源음수사원[11]

2008년 한 대학교에서 실시한 역대 대통령 평가에서 이승만은 0.6%로 최하위 평가를 받았다. 0.6%라는 숫자는 대한민국이라는 나라에 이승만 이란 지도자가 어떤 존재인가를 진정으로 알고 있는 국민의 숫자를 의미한다. 전체 5000만 인구 중 1%가 50만 정도 되니 0.6%는 30만 명 정도 될 것이다. 아마 어쩌면 그보다도 더 적을 수도 있다. 문제는 근본을 볼 수 있는 통찰력이 있는 가에 달려있다. 나라의 운명도 마찬가지다. 우리 국민의 99.4%가 이승만을 욕하고 비난한다 하더라도 한 가지 팩트사실는 분명하다. 그가 없었으면 자유민주주의도 대한민국도 없었고 북한 공산당이 지배하는 조선 인민공화국만 한반도에 존재한다는 것이다.

이승만 대통령의 진해 별장 별장은 초라했으나 세계적 인물이 머문 곳다운 품위를 지녔다. 투철한 국가관, 안보의식을 지닌 해군제독 이병권 해군 군수 사령관과 필자.(2017)

....

11 飮水思源(음수사원, 물을 마실 땐 그 물의 근원을 알고), 食果問樹(식과문수, 과일을 먹을 땐 어느 나무에서 나온 것인지를 묻는다).

그가 최초로 미국 땅을 밟은 1904년부터 하와이에서 쓸쓸히 생을 마쳤던 1965년까지 뉴욕타임즈에 게재된 이승만 관련 기사는 1,265건이라고 한다. 나라가 사실상 없어졌던 1904년부터 나라라고하기도 어려웠던 세계 최약체, 최빈국시절이었던 1965년까지 이루어진 일이다. 주로 그의 개인적 역량에 관한 뉴욕타임스의 보도였다. 세계 최고의 신문인 뉴욕 타임즈에서 세계적 인물을 알아 본 것이라고 하겠다.

미국, UN을 비롯해 전 세계에 엄청난 자취를 남겼던 거인

"일본의 가면을 벗긴다 - Japan inside out"

한반도가 일제 치하에 있던 1941년 이승만은 일본에 관한 책을 미국에서 영문으로 출간했는데 이 책이 베스트셀러의 반열에 올랐었다. 책 제목은 "Japan inside out: The Challenge of Today", 1941년 8월 미 Flemming H. Ravel 출판사에서 출판되었고, 1954년 한국어본이 출간[12] 되었다. 일본의 국가적 성격을 천황주의에 기초한 전체주의로 규정하고, 일본의 국가적 목표는 세계제패이며, 일본이 머지않아 미국을 상대로 전쟁[13]을 일으킬 것이라고 주장하면서, 미국

....

12 2017년 한국에서 영문이 재출간되었고(광장미디어), 국문의 경우도 2015년 『일본의 가면을 벗긴다 - 천황전체주의의 기원과 실상』 제목으로 출판(비봉출판사)되었다.

13 이택선의 연구에 의하면 이승만은 1933년 1월부터 일본의 팽창을 경고했다. 1933년 1월 13일 일기에서 이승만은 제네바 주재 미국영사에게 "강대국들은

이 일본과의 전쟁을 피하려면 더 늦기 전에 일본을 힘으로 제압해야 한다는 것이 책의 요지다. 이 책이 출간되고 5개월 후인 1941년 12월 일본의 진주만 공습이 있자, 이 책이 세간의 주목을 받게 되었고 이승만 전 대통령은 예언자로 까지 칭송을 받았다고 한다.[14]

노벨문학상 수상자 『대지』의 작가 펄벅Pearl S. Buck 여사는 1941년 9월 Asia Magazine에 이 책에 관한 서평을 썼는데, "이것은 무서운 책이다. 나는 이것이 진실이 아니라고 말할 수 있었으면 좋겠으나 오직 너무 진실인 것이 두렵다. 나는 이 박사가 대부분의 미국 사람들이 알지 못하는 사실, 곧 미합중국이 수치스럽게도 조미 수호조약

·················

일본이 한국을 먹잇감으로 삼은 데 만족하고 만주에서 개방 정책을 펼칠 것이라고 믿고 있지만, 조만간 만주를 먹어치울 것이며, 이마저도 결코 끝이 아니라는 사실을 분명히 알게 될 것"이라고 말했다. 김용삼, [이 책을 주목한다] "이택선의 『카리스마의 탄생』", 펜앤드마이크, 2021.06.29.

14 전쟁이 벌어지면 차세대 문명의 에너지인 석유를 다량 보유한 미국이 그것을 보유하지 못한 일본을 제압하고 승리할 것이다. 미국 입장에서 볼 때 한국은 일본의 식민지로서, 일본의 전쟁수행 과정에 물자와 병력, 돈을 제공하는 공범이 된다. 따라서 한국의 입장을 이해하는 친한파를 많이 만들어 일본이 패망하는 날 일본으로부터 한국을 분리시켜 독립하는 것이 최선이다. 이때부터 이승만은 미국 내에서 자신과 뜻이 통하는 인사들을 규합하여 기독교인친한회, 한미협회를 조직하여 미국 정부와 의회를 상대로 카이로 선언에서 국제사회로부터 한국의 독립 약속 보장을 받아냈고, 대한민국 임시정부 승인 운동을 벌인다. 1944년 3월에는 모교인 프린스턴대학에서 미국정치론을 강의하는 슬라이(John Sly) 교수에게 해방 후 대한민국의 헌법과 선거방식, 행정 전반에 관한 조언을 구했다. 또 프린스턴대학교와 한국의 기술자들을 훈련하기 위한 프로그램을 협의했는데, 이때도 슬라이 교수의 도움이 컸다. 김용삼, [이 책을 주목한다] "이택선의 『카리스마의 탄생』", 펜앤드마이크, 2021.06.29.

을 파기하고, 그럼으로써 일본의 한국 약탈을 허용했다고 말해준 것을 기쁘게 생각한다. 이 박사는 "이것이 큰불이 시작되는 불씨였다."고 말하고 있는데, 나는 이 말에 정말로 두려움을 느낀다.", "This is a book which Americans ought to read because it was written for them, and now is the time they ought to read it."

죽어 서야 귀국할 수 있었던 이승만

90년 남짓했던 그의 삶속에서 70년 이상을 세계 최 강대국 미국과 유럽을 종횡무진하며 무국적속할 나라가 없어짐이었음에도 국제연맹[15]과 국제연합을 움직여 자유민주주의를 국시로 하는 자유 대한민국을 건국해 낸 위대한 국부 이승만 대통령. 미국 초대 대통령이었던 조지 워싱턴은 영국군 장교 출신임에도 수도 워싱턴을 비롯해 광대한 미국 전역에 워싱턴을 기념하는 도시·광장·건물이 수 백 곳이 넘는다. 그러나 남한 땅에는 도시는 커녕 그의 이름을 딴 길거리 한 개도 없다. 그때도 그랬지만 지금도 이승만이 어떤 인물인지 제대로 알고 있는 한국인은 거의 없다.

국가의 운명이 국제 사회와 외교에 달려 있는 나라에서 조선시대

....
15 1930년대 일본의 악행을 제네바 국제연맹에 알리려고 이승만이 6개월 동안 체류했는데 현지 신문 1면에 기사가 여러 번 났다. 훗날 영부인이 되는 프란체스카 여사를 만난 곳도 제네바였다. 당시 이승만의 나이는 58세, 프란체스카는 33세였다.

나 지금이나 외부로 열린 시각을 지니고 국제사회의 여론을 주시하면서 그것을 국익을 위해 움직일 수 있는 지도자가 필요하다. 외교력이라는 단어만으로는 한반도의 상황을 설명하기는 부족하다. 그러나 현재는 물론 앞으로도 대한민국의 생존과 번영을 위해 지도자가 갖추어야 할 가장 중요한 능력 단 한 가지는 외교력이다. 대한민국의 생존과 번영이 외교에 달려 있기 때문이다. 이승만은 한반도 역사에서 외교력을 지닌 유일한 지도자였다

1960년 4.19 혁명 후 5년간의 하와이 망명시절, 오지 말라는 고국을 그리워하며 프란체스카 여사가 시장 다녀오면 한국 갈 여비 없는데 왜 물건 사오냐며 호통을 쳐서 시장 보는 것조차도 눈치를 봐야했

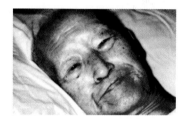
임종 직전의 이승만 전 대통령

다고 한다. 한국정부에서 한 푼도 지원이 없어 극심한 빈곤 속에서 쓸쓸히 남의 나라 요양병원에서 숨을 거두었다. 1965년 7월 19일. 향년 90세였다.

죽어서도 일본 땅 위로는 날지 않겠다

이승만 전 대통령의 유해를 실은 미 수송기가 직선 항로가 아닌 웨이크섬을 지나는 우회 항로를 통해 환국했다. 이 사실은 1965년 7월 21일 하와이에서 발간된 스타 블리튼 신문에도 실렸다. 신문에는 항공기가 태평양을 가로지르는 직선 최단 거리 대신 웨이크 아일

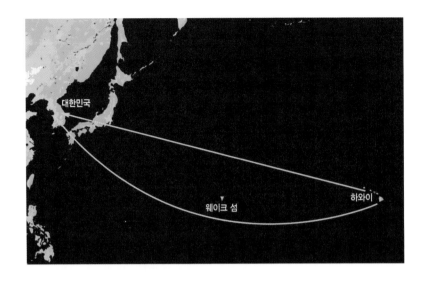

랜드를 경유해서 날아갔다고 정확히 적혀 있다. '독재자', '분단의 원흉', '친일파 비호'[16]라는 온갖 욕이란 욕은 다 먹으면서도 끝까지 나라의 운명은 스스로 지켜야 한다는 신념 하나로 조국을 위해 살았던 그였다. 놀랍게도 77년이 지난 지금까지도 그 혹독한 평가는 변하지 않고 있다.

....

16 이승만이 친일파(비호)라고 비난받는 이유는 1948년 대한민국 건국 후 새로운 나라를 만들고 운영하기 위한 훈련된 인재가 너무나 부족해서 일제 강점기 고등고시(행정/사법)에 합격해 관직에 있었던 사람들을 등용하려고 했기 때문이다. 또한 공산당을 몰아내기 위해서는 경찰관 경력자도 절대적으로 필요했으나 일제 강점기에 근무한 경찰을 대한민국에서 채용하려던 이승만에 대해 친일파라는 비난이 제기된 것이다. 그러나 2차 대전 후 분단된 서독의 경우에도 나치 히틀러 치하의 공무원, 경찰들을 대거 등용했듯이 국가를 운용함에 있어서 현실적 필요성을 무시하기는 어려웠을 것이다. 훈련된 인재가 거의 없었던 해방 후 한국의 상황을 객관적으로 살펴볼 필요가 있다.

III

강력한 독재로 가난을 떨쳐내고
번영의 문을 열다

박정희

1
가난에서 벗어나기 위한 전진의 시작

박정희가 한국의 번영에 기여한 가장 큰 부분은 '기업'을 육성하고 지원해서 대한민국이 기업중심으로 성장할 수 있도록 초석을 다진 점이다. 수출과 경제성장은 모두 기업의 성장과 그 궤를 같이 한다. 경제발전의 원동력이 되었던 고속도로, 제철소, 비료공장, 항만 등 인프라 건설과 농촌 근대화와 새마을 운동도 박정희가 남겼던 위대한 업적이지만 기업이 성장할 수 있도록 물심양면으로 지원한 것은 그 모든 것보다도 더 탁월한 업적이다. 설탕과 방직, 신발을 만들던 기업들은 그 후 시멘트, 플랜트, 조선, 건설, 기계, 철강 등의 중화학 기업으로 성장했고 마침내 자동차, 전자, 반도체, IT의 세계적 글로벌 대기업으로 성장해 세계 10위 경제대국이 될 수 있었던 견인차가 되었다.

실제로 2차 대전 이후 독립한 국가나 신생 국가 중에서 글로벌 대기업을 보유한 유일한 국가가 대한민국이다. 아시아, 중남미, 동유럽의 개도국 중에서 자본주의나 사회주의 국가를 막론하고 기업다운 기업을 가진 나라는 대한민국뿐이다. 기업의 가치를 일찍 알아보고 기업지원을 위해 모든 것을 쏟아 부은 그 차이가 오늘의 대한민국 번영을 가능하게 했다. 박정희가 위대한 이유다.

한국인에게 기업은 생소한 단어였다. 물건을 파는 상회나 가게, 전통 시장 그리고 술도가와 정미소, 작은 공장[1] 등이 생산시설의 전부라고 할 수 있었던 한국 사회에 기업이라는 존재가 본격화 된 것은 박정희의 등장과 함께였다. 한국인들은 그때부터 기업과 기업인이라는 말을 듣게 되었고 신문과 방송을 통해서도 기업의 발전 모습을 접할 수 있었다. 일자리라고는 면사무소 서기나 교사, 군인 밖에 없었던 한국사회에서 기업에 취직한다는 말이 나오게 된 것도 모두 박정희 시대부터였다. "박정희 집권 18년1961~1979은 한국인을 누천년累千年의 굶주림에서 해방시키고 번영으로 인도한 우리 민족사에서 가장 위대한 전진前進의 시대[2]"라고 부를 수 있다.

등장배경

이승만 정권을 타도하고 1960년 4.19 혁명으로 민주당 정권이 권력을 잡았다. 1960년 8월 19일, 국회에서 국무총리 인준을 받은 장면 총리는 민주적이기는 했지만 무능했다. 1천만 노동인구 중 240만

....

1 100인 이상 고용업체 현황 : 1950년 77곳, 1970년 500명 이상 사업장 종사자 35만 명, 1979년 120만 명으로 증가했다. 조우석, 『박정희, 한국의 탄생』, 살림출판사, 2009.
2 이강호, 『박정희가 옳았다 : 5.16과 10월 유신의 정치경제학』, 기파랑, 2019.

명이 완전실업자였고 200만 명은 잠재실업자였다. 노동인구의 거의 절반이 끼니를 걱정해야 했다. 장면張勉 정권은 자유민주주의로 태어난 대한민국이 바로 그 자유민주주의로 인해 멸망할 수 있다는 사실을 보여주었다. 자유는 있으나 그 자유는 가난할 수 있는 자유와 데모하는 자유에 불과하였다. 경제발전 계획은 수립했으나 실천할 역량도 방법도 몰랐다. 더 큰 문제는 데모 천국인 상황에서 벌어진 극심한 이념적, 정치적 혼란이었다.

> "1960년에만 북한에서 침투한 간첩이 100명 넘게 체포됐고 '통일운동'을 한다는 인사들의 월북越北 시도가 이어졌다. 1961년 3월22일 야간 횃불시위자들은 서울 명륜동 소재 장면 총리 집으로 몰려가 '미군 철수'와 '김일성 만세'를 외쳤다. 경제난은 가중되고 남한 내에 광범위하게 숨어 지내던 공산 좌익 세력들이 민주주의라는 가면을 쓰고 남한을 공산화시키는 절호의 기회를 장면 정권은 계속 열고 있었다."[3]

'독재타도'를 내 세워서 이승만 건국 대통령을 독재자로 낙인찍어 쫓아내는 데는 성공했으나 독재자로 낙인 찍혔던 이승만이 만들었던 자유 대한민국은 붕괴 위기에 처하게 된 것이다. 경제적 사회적 혼란 수습에 장면 정권은 전혀 역량을 발휘하지 못했다. 발휘하지 못한 것이 아니라 발휘할 역량 자체가 없었다. 4.19 혁명으로 독재는 타도했지만 그것보다 더 무서운 사회 혼란과 무질서, 그리고 자유민주주의를 파괴시킬 공산화의 위험에 직면하게 되었다.

....

3 위 같은 책.

당시 남한에선 6.25 이후 숨죽이고 있던 친북좌익세력들이 다시 발호했다.

"계속 이 상태였다면 한국의 자유 민주 체제는 궤멸됐을 것이다. 1961년 5월 13일 서울운동장에 4만여 명의 시민·학생들이 모여 '가자 북으로! 오라 남으로!'를 외치며 대규모 시위를 벌였다. 5월 16, 17일에도 전주, 대구에서 혁신계좌익의 시위가 예정돼 있었으나 5.16[4]으로 무산됐다."[5]

사월혁명회 1961년 5월 13일 남북학생회담을 지지하는 군중들이 '가자 북으로! 오라 남으로!'를 외치며 서울 을지로 – 종로 거리를 행진하며 시위를 벌이고 있다.

· · · · · · · · · · · · · · · · · · · ·

4 1961년 5월16에 발생했던 박정희가 주도한 군사 혁명이다. 5.16 군사혁명 또는 5.16쿠데타로 불린다.
5 이강호, 『박정희가 옳았다 : 5.16과 10월 유신의 정치경제학』, 기파랑, 2019.

등장 목적

박정희의 등장은 경제 성장이 목적이 아니었다. 남한이 공산화가 되어버린 다면 경제성장도 가난에서의 탈출도 아무런 의미가 없기 때문이다. 절체절명의 과제는 대한민국을 공산 적화 세력으로부터 지켜내는 것이었다. 경제는 그 다음이었다. 여기에 박정희의 위대함과 지도자로서의 통찰력이 돋보인다고 할 수 있다. 사회적 혼란 상태에서 그 수습을 뒤로하고 경제발전 전략만 집중했다면 성장은 고사하고 분열과 대립으로 정권의 붕괴는 물론 한국은 공산주의 국가로 바뀔 수밖에 없는 상황이었다. 박정희는 냉정했으나 그 냉정함은 혼란의 극한 상황이었던 한국으로서는 천만다행이라고 밖에는 할 수 없었다. 그는 대중을 선동하고 대중의 요구에 무조건 영합하는 포퓰리스트가 아니었다. 지도자의 냉정함으로 인해 정확한 현실인식에 바탕을 둔 정책이 추진될 수 있었다.

반공反共과 자유민주주의의 재건이 박정희 혁명 공약의 핵심 내용이었다. 5.16 군사혁명 당일에 발표된 6개 혁명 공약 가운데 2개가 '반공'에 관한 내용이었다. 5.16 군사혁명은 민주주의를 부정하는 군사 쿠데타이었지만 공산화라는 최악의 결과를 막았다는 점에서는 역사적 의의가 결코 작다고 볼 수 없다. 일단 공산화가 되어 버리면 관료, 지식인은 물론이고 소상공인을 비롯해 부르주아 계급에 속하는 수 백 만 명이 처형되거나 수용소에 갇히게 된다. 공산화된 국가들이 보여 주는 공통된 현상이다.

> "박정희가 1961년 직접 쓴 35쪽 분량의 팸플릿 '指導者道지도자의
> 길'와 1962년에 낸 277쪽 분량의 '우리 民族민족의 나갈 길'이란 책을
> 보면 민주주의와 자유 민주체제를 지키겠다는 내용 일색이다. 박정희
> 는 공산세력으로부터 자유민주주의의 수호자로서 5.16을 일으켰다."[6]

한국 자유민주주의 역사에서 박정희의 가장 중요한 역할은 자유
민주체제의 근본을 부정하고 위협하는 세력과의 대결이었다. 건국
의 아버지 이승만이 그러했듯이 박정희는 공산주의의 위협에서 자
유 대한민국을 구해 내었다. 여기에 두 사람의 위대함이 있다.

박정희가 없었어도 한국은 발전할 수 있었다고 주장하는 사람들
도 있다. 대부분 좌파적 사고를 지녔거나 박정희의 경제발전 성과를
독재라는 측면에서만 바라보는 사람들이 지닌 일반적 관점이다. 그
들의 주장이 맞는지를 확인하기 위해서는 그 시대, 즉 박정희가 고
군분투하던 1960년대, 1970년대로 돌아가서 살펴 볼 필요가 있다.
그 시절 지식인, 정치인들의 생각과 주장을 살펴보면 분명하게 알
수 있다. 분명한 사실은 박정희를 반대하는 사람들이 지닌 생각과
정책에 의해 대한민국이 이끌어 졌다면 지금의 대한민국은 없을 거
라는 사실이다. 당시 박정희를 반대했던 사람들이 꿈꾸던 대한민국
의 모습은 어떤 것이었을까?

> "박순천朴順天·김대중 같은 야당 정치인들은 경부고속도로 건설은
> 물론 외자外資 유치와 중화학 공업 육성을 줄기차게 반대했다. 1971년

··················
6 위 같은 책.

4월 대통령 선거 당시 야당 후보였던 김대중金大中은 서울 장충단공원 유세에서 '세종대왕 시대가 성군聖君의 시대라는 것은, 당시에는 고속도로도 없었고 울산공업단지도 없었지만, 무명베옷을 입고 천지를 걸어 다녔지만, 국가의 혜택이 고르게 분배되었던 것이오.'라고 했다. 그가 대통령이 됐다면 우리는 아직도 조선시대처럼 살고 있지 않을까?"[7]

박정희를 제외한 나머지 정치인, 지식인들은 시대적 한계를 벗어나지 못했다. 박정희가 그리고 있는 대한민국의 미래가 무엇인지 조차도 생각할 수 없었다. 대한민국은 미국과 이승만에 의해 자유민주주의 국가가 되었지만 그들의 인식 수준은 아직도 조선시대 양반과 지주제가 중심인 농촌 촌락에 머물러 있었다. 훗날 노벨 평화상까지 받고 박정희 사후 20년 후에 대통령까지 올랐던 글로벌 정치인 김대중은 아마도 자신의 1960년대 정책과 발언에 대해 자괴감을 느끼지 않을 수 없을 것이다. 좌파적 입장을 지녔던 야당은 서구의 산업혁명과 인프라 구축을 통한 번영은 자연파괴와 전통을 붕괴시키는 악덕으로 간주하고 농촌 공동체적 부락 민주주의를 꿈꿨다.[8]

그들은 박정희의 경부고속도로 건설·향토예비군 창설·수출주도 대

. . . .

7 위 같은 책.
8 마치 농촌 경제 공동체를 모색하며 도시 농부 운운하던 좌파 시장이 서울을 10년간 후퇴시켰던 결과와 유사하다. 박원순 전 서울시장은 자신의 재임기간 10년 동안 서울의 재개발을 막고 주택공급을 늘리지 않는 대신 도시재생이라는 사회주의적 도시공동체 정책으로 서울을 낙후시키는 결과를 초래했다. 그래서 서울의 국제 경쟁력은 지속적으로 하락했다.

기업육성을 모두 반대했다. 한국에서 빗발치고 있는 '반대를 위한 반대'의 광기를 쳐다본 싱가포르 수상 이광요[9]는 "갈등에너지를 생산적으로 전환하라"며 안타까워했다. 박정희를 존경했고 국가에 대한 헌신·진정성의 리더십을 보여준 리콴유[이광요] 수상의 일생은 가난한 어촌에 불과하던 싱가포르를 세계 최고 수준의 도시국가로 발전시킴으로써 '아시아적 가치[10]'의 공익성을 입증했다.[11]

한 마디로 말해서 박정희 시대의 야당은 '우리식으로 한다'라는 북한과 거의 비슷한 수준의 인식과 세계관을 지닌 우물 안 개구리 수준을 못 벗어나고 있었다.

앞으로 누가 대통령이 되든, 오늘날 우리 야당과 같이
'반대를 위한 반대'의 고질이 고쳐지지 않는 한,
야당으로부터 오히려 독재자라고 불리는 대통령이
진짜 국민 여러분을 위한 대통령이라고 나는 생각한다.

개헌안 국민 투표에 관한 대통령의 특별담화(1969.10.10)

....
9 "국민이 원하는 것은 신문기사가 아니라 집·의료·직장과 교육"이라면서 '비판적 언론'을 경시하는 태도를 드러냈다. 이광요는 경제 분야에서는 완벽한 자유를 부여했다. 경북제일신보, 2022.05.02.
10 아시아적 가치란 리콴유, 리셴룽, 장제스, 박정희 등 아시아의 개발독재자들이 공통적으로 추구한 가치로서, 민주주의, 자유주의 등을 위시한 현대 서구 사상에 대비되어, 아시아 국가들이 공통으로 추구해야 할 정치사회적 가치와 정신을 일컫는 말이다. 그러나 리콴유가 부정한 것은 서구민주주의의 그대로의 답습이지 민주주의 그 자체를 부정한 것은 아니었다.
11 경북제일신보, 2022.05.02.

2
자원도 기술도 자본도 없는 무에서 유를 만들다

국민이 하나로 일치단결했던 유일한 시절

박정희 집권 18년은 국민 모두가 하나가 될 때 엄청난 시너지가 발생한다는 것을 보여준 시대였다. 리더십과 팔로우십이 일치될 때 나타날 수 있는 결과였다. 정통 경제학에서는 설명할 수 없는 새로운 경제모델의 탄생이기도 했다. 즉, 생산요소가 없는 상태에서 이룩한 경제발전이었기 때문이다. 박정희의 경제성장은 새로운 경제이론을 탄생시켰다.[1] 자본, 자원, 기술 등 생산에 필요한 아무 것도 없었지만 지도자와 국민이 하나가 됨으로써 상상할 수 없었던 성장을 이루었다. 한국식 경제발전론이다.

....

1 월터 로스토우의 경제착륙이론은 서구 선진국이 근대적 산업화에 도달한 기간을 계산했다. 그에 따르면 영국은 산업혁명이 시작된 1783년부터 장장 131년이 걸렸다(1783-1914). 프랑스 84년(1830-1914), 독일 74년(1840-1914), 일본 72년(1890-1962)이 걸렸다. 로스토우에 따르면 1960년대 출발한 한국은 불과 20년 만에 이륙에 성공했다. 조우석, 『박정희, 한국의 탄생』, 살림출판사, 2009.

박정희의 성공은 이후 중국과 베트남에도 이어진다. 박정희를 주목하고 지속적으로 연구했던 중국은 등소평 시대에 와서 엄청난 발전을 이루었다. 등소평 이후 중국은 박정희의 유산에 대해 높이 평가했다. 중국 발전의 원동력을 박정희의 발전모델에서 얻었기 때문이다. 탄핵으로 대통령직에서 쫓겨나고 5년 가까이 감옥에 수감되기까지 했던 비극적 대통령 박근혜를 시진핑이 융숭하게 대접했던 이유도 그가 박정희의 딸이었기 때문이다. 반면 중국에 대해 5년 내내 저자세와 굴종으로 일관했던 문재인 정권이 중국의 냉대를 받았던 이유는 중국입장에서는 시위와 데모를 일삼는 운동권 정권은 경계의 대상이며 자신들의 독재에 반면교사가 될 뿐이기 때문이었다.[2]

스스로 할 수 있다는 자신감을 확산시키다.

박정희는 국민들을 향해 우리 힘으로 스스로 가난을 끊어 내자고 호소했다. 우리 스스로 할 수 있다는 자신감을 고취시켰다. 박정희의 위대함은 스스로 무엇을 이룩해 본 적이 없는 국민들에게 우리도 할 수 있다는 자신감을 불러 일으켰다는 점이다. 국민들도 이에 호응했고 '우리도 한 번 잘 살아보세'라는 각오와 기대가 온 나라에

....

2 시진핑은 문재인의 촛불혁명을 경계했다. 1989년 천안문 사태를 겪었던 중국 공산당 지도부는 문재인이 2017년 12월 중국을 방문했을 촛불혁명에 대해 일절 언급하지 말 것을 요구하였다. 혁명의 나라 프랑스에서조차 촛불혁명을 외치고 세계 곳곳을 방문할 때 마다 촛불혁명을 소리 높이 외쳤던 문재인은 자신들이 미국보다도 더 가깝게 여겼던 사회주의 중국에서는 침묵할 수밖에 없었다.

넘쳐났다. 마침내 숙명 같은 가난의 족쇄를 끊어 내었다. 박정희가 이끌었던 시대는 멈추지 않았던 전진前進의 시대였다.

> "자유自由는 곧 자조自助다. 자조自助, self help의 원리라고 본다. 이것이 반半 만년 동안 우리 민족이 한 번도 제대로 이루지 못한 '국가 부흥'이라는 한恨을 푼 열쇠. 박정희는 5.16 직후부터 '하늘은 스스로 돕는 자를 돕는다.'는 말을 입버릇처럼 말했다. 자조와 자립·자강의 정신으로 의타依他와 낙담, 무기력無氣力을 떨쳐버리자고 국민들에게 호소했다. 자유自由는 곧 자조다. 이 원리를 국민정신으로 되살려 낼 때, 현재의 위기 극복과 일류국가로 도약이 가능할 것이다.[3]"

새마을운동, 산림녹화, 수출 육성, 중소기업 육성, 중화학공업화 등 모든 정책에서 자조自助하는 국민, 새마을과 기업을 우선적으로 지원함으로써 이들 모두에 동기를 부여하여 모든 국민들의 동반성장을 실현하였다. "스스로 돕는 자를 도와야 스스로 돕는 성공 유전자의 복제와 증폭을 통해 동반성장이 가능하다"는 점을 통찰하였다.[4]

말이나 구호가 아니라 실천과 결과로 보여주었던 지도자 박정희는 야당의 반대와 온갖 비난, 비판에도 불구하고 지금까지 한 번도 가보지 못한 길로 국민을 이끌었다. 박정희가 한국의 정치 지도자들과 다른 점은 말이 아니라 실천을 했다는 점이다.

....

3 이강호, 『박정희가 옳았다 : 5.16과 10월 유신의 정치경제학』, 기파랑, 2019.
4 좌승희 박정희학술원장, [기고문] "윤 대통령이 극복해야 할 '이승만 딜레마'", 매일경제, 2022.06.09.

3

피와 땀 그리고 눈물로 이룬 기적의 경제성장

서독 함보른 광산에서의 눈물

자본이 절대적으로 부족했던 1960년대의 한국이었으나 당시 케네디 정부는 5.16 군사 쿠데타로 집권한 박정희 정권을 인정하지 않았으며 경제 지원에도 부정적이었다. 최소한의 원조물자만을 제공했다. 1964년 서독에 갔던 간호사와 광부들[1]의 월급은 눈물 나게 하는

....

1 1963년 파독(派獨) 광부 500명 모집에 4만6000명이 몰려들었다. 상당수가 대학졸업자와 중퇴자들이었다. 당시 남한 인구 2400만 명에 정부공식 통계에 나타난 실업자 숫자만도 250만 명이 넘었다. 이런 시절이니 매월 600마르크(160달러)의 직장에 지원자가 밀려드는 게 당연한 일이었다. 이들은 루르탄광 지하 1000m와 3000m 사이 막장에서 1m 파들어 갈 때마다 4~5마르크를 받았다. 1966년 12월, 3년의 고용기간을 채우고 142명의 파독광부 제1진이 귀국했을 때 거의 전원이 1회 이상의 골절상 병력을 안고 있었다. 사망자도 있었고, 실명한 사람도 있었다. 간호사의 사정도 비슷했다. 1966년 1월 128명이 독일로 떠날 때의 고용조건은 월 보수 440마르크(110달러)였다. 독일 땅에 도착한 한국 간호사들이 처음 맡았던 일은 알콜 묻힌 거즈로 사망한 사람의 몸을 닦는 작업이었다. 70년대 중반에는 서베를린에만 한국 간호사가 2000명이 넘었다. 1966~1976년 독일로 건너간 한국 간호사가 1만30명, 광부들은 1963~1978년까지 7800여명이 건너갔다. 이들의 송금액은 연간 5000만 달러로 한때 GNP의 2%대에 달했다. 강천석, [동서남북] "눈물 젖은 역사를 가르치라 통곡으로 대신한 애국가… 역사 비트는 非국민들", 조선일보, 2003.09.02.

감동이었지만 경제개발을 할 만큼의 액수는 되지 못했다. 경제개발을 위한 돈을 미국에서 빌리지 못한 박정희는 서독으로 향했다.

독일 대통령도 함께 눈물 흘린 박대통령 내외, 서독광부와 간호사들과의 서러운 눈물바다

1964년 12월10일 박정희 대통령 내외는 서독의 수도 본에서 자동차로 한 시간 남짓 떨어진 함보른 광산에 도착했다. 광산에서 기다리던 간호사들을 보고 육영수여사는 간호사들에게 일일이 말을 건넸다. 육 여사가 세 번째 간호사와 악수를 하면서 "고향이~~~~~" 아마 고향이 어디냐고 물으려고 했던 것으로 보인다. '고향'이라는 말이 나오는 순간, 그 간호사는 울음을 터트리고 말았다. 그것이 신호가 돼서 간호사, 광부 할 것 없이 울기 시작했다. 음악을 연주하던 광산 악대도 꺽꺽거리며 울었다. 독일 함보른 광산에서 꿈에도 그리던 고국의 대통령 내외를 만난 광부와 간호사들은 조국의 처참한 가난이 서러워서, 돈을 벌러 이역만리에서 노동력을 팔아야 하는 자신들의 처지가 서러워 눈물을 흘렸다.

광부들로 구성된 악대가 애국가를 연주했다. 박대통령의 선창으로 시작된 애국가는 뒤로 갈수록 제대로 이어지지를 못했다. "무~궁화 삼~천리 화려~강~~산~~~~~~~~~~~" 애국가가 후렴으로 넘어가는 대목에서 합창은 흐느낌으로 변했다. 마지막 구절인 "대한 사람 대한으로~~~~~" 에 이르러서는 가사가 들리지 않았다.

세계에서 가장 가난한 나라였던 대한민국의 대통령도 광부들도 간호사들도 기자들도 모두 목 놓아 울었다.

박대통령은 손수건으로 눈물을 닦고 코를 푼 다음 연설을 시작했다. 다시 여기저기서 흐느끼는 소리가 들리기 시작했다. 박대통령은 원고를 덮어 버렸다. 자신의 마음에 떠오르는 이야기를 전하기 시작했다. 흐느낌 소리가 커지기 시작했다. 박대통령은 말을 제대로 잇지 못하다가 결국 울고 말았다. 강당 안은 눈물바다가 되고 말았다. 박대통령은 광부들과 일일이

악수를 나누고 파고다 담배 500갑을 선물로 전했다. 대통령 선물이라는 것이 필터 없는 싸구려 국산 담배였다. 당시에는 그것밖에는 선물로 가져올 수 없었다. 대통령 일행을 태운 차는 한국인 광부들에게 가로막혀 앞으로 나가지 못했다. 차 안의 박대통령은 계속 울고 있었다. 옆 자리에 앉았던 뤼브게 서독 대통령은 "울지 마세요. 우리가 도와줄 테니 울지 마세요"라며 박대통령에게 손수건을 건넸다. 통역관으로 박대통령을 수행했던 백영훈(전 국회의원)씨는 "그때 박대통령이 광부, 간호사들과 함께 흘린 눈물이 조국근대화의 시발점 이었다"고 했다.

함보른 광산에서 한국 광부

눈물 흘리는 육영수 여사

· · · · · · · · · · · · · · · · ·

2 박병역, "파독광부 그리고 박정희 대통령, 독일 대통령도 함께 눈물 흘린…",
  대한신보, 2021.02.28.

일본으로부터 받은 청구권 자금으로 경제개발을 시작하다.

결국 모든 반대를 무릅쓰고 1965년 한일 청구권 협상결과[3]로 일본으로부터 받았던 7억불은 당시 일본 외환 보유고의 50%이었으며 우리나라 1년 예산의 몇 배에 해당하는 금액이었다. 무상 3억 불, 유상 2억 불, 차관 2억 불, 결국 이 자금을 시드머니로 해서 본격적인 경제개발이 이루어지게 되었다.

1970년에서 1980년대까지의 중동진출은 한국 외화획득의 일등공신이었다. 1977년 100억불 수출에서 중동 건설이 차지하는 규모는 85%에 이른다. 1960년대부터 1970년대에 걸쳐서 우리 젊은이들의 피와 바꾼 월남전 참전[4] 역시 귀중한 외화 벌이에 결정적 역할을 하였다. 당시 미군 사병의 월급이 100달러, 우리 장병이 받은 금액은 20달러였다. 실제로 우리 장병들에게도 100불이 지급되었으나 그 차액은 모두 정부에 귀속되어 경제개발 자금으로 쓰여 졌다.

....

3 전략 파트너로 "일본에서 돈 뺏어 오는 데는 관심 없다. 그보다는 어떻게 일본을 끌어들여 활용하느냐에 관심이 있다."라고 호언 하면서도 청구금도 챙기고 일본을 한국 경제발전의 파트너로 삼자는 전략을 가지고 있었다. 1965년 한일 회담 타결직후 발표한 담화문에서 털어 놓은 것처럼 "과거로만 보면 그들에 대한 우리의 사무친 감정은 불구대천이다. 그러나 쇄국은 끝났다. 민족감정 내세운 다고 득이 될 것이 없다." 조우석, 『박정희, 한국의 탄생』, 살림출판사, 2009.

4 월남파병은 경제성장의 종잣 돈 역할을 했다. 월남파병에 따른 미국 측의 한국 지원액 9억 2,700만 불은 그것만으로도 대일 청구권 자금보다도 많았다. 월남에 들어갔던 한국회사들이 벌어들였던 외화 5억 3,700만 불은 별개였다. 1968년 월남전이 절정이던 시절. 월남에서 들어온 달러는 그 해 수출의 1/3을 차지할 정도로 금액이 컸다. 위의 책.

박정희가 5.16을 일으킨 1961년 우리나라 수출액1억2000만 달러은 태국의 4분의 1, 필리핀의 7분의 1수준에 못 미쳤다. 그러나 20년 후인 1980년에는 태국, 필리핀 보다 2.5배 더 많이 수출하는 수출주도 공업국가로 변신했다. 박정희는 대통령 재임 기간1963~1979 중 9%대 경제성장을 이뤘다. "그는 감성感性팔이, 즉 포퓰리즘populism · 여론영합 정치을 하지 않았다. '일하면서 싸우고, 싸우면서 일하자'고 했고, 자조自助정신의 원칙을 지켰다. 우량기업을 우대하는 수출 진흥정책을 폈고 새마을운동에서도 앞서가는 쪽을 먼저 격려하는 차등 지원을 했다. 이런 접근이 국민들의 분투奮鬪를 용솟음치도록 했다.[5]"

1964년 1억 달러 대이던 우리나라 수출은 박정희 후반기인 1977년에 100억 달러[6]로 13년 만에 100배 성장했다. 그 해 12월 말에 마침내 1인당 국민소득이 1,000 달러에 도달했다. 박정희는 중앙청에서 개최된 국무회의에서 국무위원들과 함께 만세를 불렀다. 감격과 감동의 순간이었다. 1963년 국민소득 67 달러에 불과하던 세계에서 가장 가난했던 나라가 마침내 국민소득 천 달러의 고지에 올라서게 된 것이었다.

....

5　위의 책.

6　수출 10억불은 1970년. 100억불 달성은 1977년 12월이었다. 1976년 포니 다섯 대를 에콰도르에 처음 수출한 현대자동차, 제품 사진 한 장으로 1977년 275대의 컬러TV를 파나마에 내다 판 삼성전자의 전설 같은 실화는 우리 산업계 전체에 '뚝심 DNA'를 심는 밑거름이 됐다. 이정호 기자, [데스크 칼럼] "산업부의 오래된 거울", 한국경제, 2021.12.02.

"박정희가 '기업 천하지대본企業天下之大本'을 최고 국정 지표로 삼고 기업 키우기에 혼신魂神을 다한 결과다. 그는 1965년 2월부터 1979년 10월 26일 생의 마지막까지 매 월 말 청와대나 중앙청에서 2시간씩 수출 진흥 확대회의를, 1966년부터는 매달 월간경제동향 보고회의를 열었다. 기업대표들이 참석한 민관 합동회의를 148차례 직접 주재하며 지원했다."[7]

　　박정희는 정부주도의 경제개발계획을 수립하고 독려했으나 어디까지나 경제성장의 주체는 기업이었다. 사회주의 국가처럼 국가가 실제로 소유 지배하는 국영기업[8]이 아니라 자본주의 경제의 주역인 기업이 경제활동의 전면에 나서게 했다. 이것이 박정희가 다른 개도국 지도자들과 달랐던 탁월함이다. 한국과는 달리 국유기업 중심의 경제성장을 추진했던 대부분의 개도국들은 비효율과 부패로 인해 경제성장에 실패하였다.

　　중소기업뿐이었던 한국에서 박정희는 단순히 국내용 내수기업에 머물지 말고 세계를 누비는 기업으로 성장하도록 중소기업을 지원하고 독려하는 정책을 추진했다. 수출입국을 기치로 내건 박정희의 선견지명은 결국 삼성, 현대, SK, LG와 같은 글로벌 대기업으로 성장하는 발판이 되었다. 협소한 국내 시장을 넘어 세계 시장을 내다보는 박정희의 탁월한 안목과 위대함이 빛나는 대목이다.

....

7　조우석, 『박정희, 한국의 탄생』, 살림출판사, 2009.
8　러시아, 중국 등 사회주의 경제의 주축이라고 할 수 있는 국영기업은 고질적인 비효율과 부패로 인해 자본주의 경제 체제의 기업들과는 경영성과와 효율 면에서 현격한 격차를 보인다.

박정희는 정치 지도자라기보다는 여러 기업을 거느린 그룹의 회장과 같았다. 회장의 탁월한 경영능력과 통찰력, 비전으로 중소기업 대한민국 주식회사는 비약적인 성장을 계속 하게 된다. 우리나라는 1960년대 전반에 3%, 1960년대 후반에는 5년 평균 11.8%의 성장률을 기록했다. 1961년부터 1980년까지 20년 동안 한국은 연평균 9%대라는 인류사에 없던 성장률을 달성했다. 박정희는 가난과 굶주림의 역사였던 5000년 한민족 역사를 다시 써 내려갔다.

박정희와 이병철

기질은 달랐으나 문제의식은 동일했다. "우리는 영국의 산업혁명 시절로 돌아가서 경제발전의 고전적 발전순서를 밟아 내려올 시간이 없다. 과감하게 순서를 바꾸어 공업화를 먼저하고 대기업에서부터 출발하여 중소기업으로 내려가는 방식을 취해야한다. 농촌을 구제하는 것은 과감한 외자도입에 의한 공업화를 통해서 가능하다."

삼성그룹의 창업주
故 이병철 회장

9 조우석, 『박정희, 한국의 탄생』, 살림출판사, 2009.

한국 경제발전의 세계사적 의미

박정희가 주도한 '근대화'는 세계사적으로도 큰 의미를 갖는다. 2차 세계대전 후 유라시아 대륙 전체가 공산주의로 붉게 채색된 상태에서 6.25로 폐허가 되었던 세계 최빈국 한국이 세계 10위권 경제대국으로 도약한 것은 상상조차 하기 어려운 일이었기 때문이다.

> "20세기 한반도의 역사는 망국亡國, 건국建國과 부국富國이라는 세 단어로 요약된다. 망국의 굴욕을 딛고 근대 국민국가를 세운 이승만의 위업을 물려받은 박정희는 민족중흥에 매진해 부강한 대한민국의 기틀을 다져놓고 삶을 마감했다. 그런 점에서 박정희는 근대화를 이룬 진정한 진보적 정치가statesman이다."[10]

구체적인 성과와 결과를 제시한 박정희는 국민들의 삶을 한 단계 위로 끌어 올려 앞으로 나아가게 했다는 의미에서 볼 때 진정한 진보주의자라고 할 수 있다. 거짓과 선동을 일삼는 정치인들은 비포장도로의 돌맹이처럼 온 천지에 널려 있다. 그러나 경제성장을 실현해서 국민들의 삶의 수준을 향상시키는 지도자는 찾기 어렵다. 대한민국은 마침내 그런 지도자를 만나게 된 것이다.

---

10 이강호, 『박정희가 옳았다 : 5.16과 10월 유신의 정치경제학』, 기파랑, 2019.

4

치명적 실수

건국 대통령을 부정하다

갈등이 없는 사회, 국가는 없다. 빈부격차, 진보와 보수, 이념과 계급 갈등, 세대 간, 지역 간, 종교, 인종 등 종류는 달라도 갈등과 대립은 어디에나 존재한다. 그러나 대부분의 국가들은 자신의 뿌리에 대해서는 크게 다투지 않는다. 건국일을 기념하는 것은 물론이고 건국과 발전을 이루어낸 지도자들을 온 국민이 기린다. 그들 덕분에 자신들이 번영을 누리고 있다고 고마워한다. 선진국일수록 그런 경향은 더욱 두드러진다. 시작이 있었기에 현재의 자신들이 존재할 수 있다고 믿기 때문이다.

해가지지 않는 나라 영국에서 엘리자베스1세 여왕을 역사에서 지웠다는 얘기를 들은 적이 없다. 미국 건국의 아버지들은 공화당이든 민주당이든 정권에 관계없이 존경받고 있다. 프랑스 대혁명은 피비린내 나는 엄청난 후유증을 남겼지만 자유, 평등, 박애라는 민주주의 가치를 추구한 혁명으로서 지금도 프랑스 국민들의 가슴에 새겨져 있다. 나폴레옹 역시 실패한 영웅이라고도 할 수 있으나 프랑스인들에게는 자부심의 상징이다.

대한민국은 온 국민이 매 년 기리는 건국 기념일도 건국의 아버지도 없다. 일본으로부터 해방된 1945년 8월 15일을 광복절로 기념은 하지만 대한민국 정부가 수립된 1948년 8월 15일을 기억하는 국민은 별로 없다. 오히려 임시정부가 수립된 1919년 4월 13일을 건국일로 해야 한다는 의견이 팽팽하다. 뿌리가 없는 나라는 불안하다. 건국절이 분명하지 않는 대한민국은 마치 모래위에 지은 집처럼 불안하다. 분명히 번영한 나라 대한민국임에도 말이다. 비극적 현실이다. 왜 그럴까? 왜 우리는 자랑스러운 건국의 역사를 가질 수 없을까? 왜 우리는 모든 국민이 함께 박수치고 찬양하는 건국의 아버지를 가질 수 없는 것일까?

한국에서 건국 대통령에 대해 제대로 알려면 독학을 해야 한다. 학교에서 가르쳐주지 않기 때문이다. 그래서 이승만 대통령을 제대로 이해한다면 상당한 수준이라고 인정해야 한다. 스스로 사실^{팩트}을 깨닫기 위해 노력하지 않으면 알 수가 없기 때문이다. 이승만은 박정희 18년과 이후의 군사정권 12년 그리고 좌파 정권 10년을 지나서야 비로소 세상에 알려지게 된다. 세상을 떠난 40년 후에야 마침내 조금씩 드러나게 된 것이다. 다시 말하면 그 40년 동안에 초중고와 대학을 다녔던 사람들은 이승만을 알 수 있는 방법이 없었다. 학교에서 가르치지 않았기 때문이다. 오직 독재자로만 규정해 버렸다. 독재자를 가르치는 학교는 없다. 비난과 비판 그리고 부정의 대명사일 뿐이었다.

이승만에 대해 알 수 없었던 세대는 한국사회에 광범위하게 존재한다. 베이비부머 세대들이라 할 수 있는 1955년부터 1960년대 중반, 그리고 이후부터 1970년에 출생한 사람들까지 포함하면 지금 50대 초반에서 60대 후반까지에 해당될 것이다. 이들은 대부분 박정희 18년 집권 동안 초중고를 다니거나 최소한 초등학교를 다녔다. 1960년생인 필자를 포함해 그 시기에 초중고를 다닌 사람들 중에서 누구도 이승만 대통령에 대해서 제대로 올바르게 배울 수 없었다. 오직 부패한 자유당과 독재자 이승만이라는 사실 외에는 배운 게 없다. 그런 교육을 받고 자라난 사람들이 지금 대한민국에 살고 있는 50대 이상의 국민이다. 국민들을 탓하기에 앞서 왜 이런 사태가 발생하였는가를 정확하게 알아야만 한다.

대한민국 건국 후 70여 년이 지났지만 다른 분야에 비해 가장 수준이 떨어지는 분야가 정치다. 한국에서 보수와 진보라는 말은 원래 그 단어가 의미하는 바와는 큰 차이가 난다. 좌파 우파도 비슷하다. 북한의 공산 세습왕조를 지지하는 세력을 진보라고 하면 정치학과나 사회학과 1년생도 웃을 일이다. 그러나 더 비극적인 코미디는 소위 보수 우파라는 사람들이 이승만 대통령을 부정하고 제대로 조명하지 않았다는 사실이다.

필자가 이승만 대통령을 공영방송인 KBS에서 처음으로 볼 수 있었던 것은 2011년이라고 기억한다. 박정희 시대에 역사에서 지워진 이승만 대통령은 전두환, 노태우 군사정권에서도 김영삼 문민정부에서도 제대로 평가된 기억이 없다. 김대중, 노무현의 좌파 정권에서는 더욱 폄하되었다. 내 기억이 맞는다면 이승만 대통령을 제대로 조명하려 했던 첫 정권은 2008년의 이명박 정부다. 이승만 대통령이 사망한 1965년 이후 무려 43년이 지나서였다. KBS가 8.15 광복절에 맞춰 이승만 5부작 특집 다큐멘터리를 편성하자, 사월혁명회, 임시 정부기념사업회, 안중근 의사 기념 사업회 등 83개 사회단체가 친일·독재 찬양 방송 저지 비상대책위원회를 구성하고 이를 강력하게 저지[1]하고 나섰다. 애초 KBS는 다큐 '초대 대통령 이승만과 제1공화

....
1 2011년 6월 20일 친일·독재 찬양 방송 저지 비상대책위원회, 출처 : 올인방송, 2021.2.24.

※ 참여 단체(無順)
    사월혁명회, 대한민국임시정부기념사업회, 안중근의사기념사업회, 단재신채호선생기념사업회, 박용만선생기념사업회, 윤봉길(월진회)의사기념사업회, 몽양여운형선생기념사업회, 운암김성숙선생기념사업회, 학산윤윤기선생기념사업회, 범재김규흥선생기념사업회, 유정조동호선생기념사업회, 보재이상설선생기념사업회, 김산기념사업회준비위원회, 차리석선생기념사업회, 우사김규식연구회, 단재김달호선생추모사업회, 우당최근우선생추모회, 독립유공자유족회, 안중근평화연구원, 민족문제연구소, 효창원을사랑하는 사람들, 한국전쟁전후민간인피학살자전국유족회, 한국전쟁민간인피학살자전국유족연합회, 미군범죄진상규명전민족특별조사위원회, 4.9통일평화재단, 4.9인혁열사계승사업회, 친일인사백선엽동상건립반대파주시민대책위원회, 새날희망연대, 평화재향군인회, 전국역사교사모임, 좋은 어버이들, 80년해직언론인협의회, 경기미디어시민연대, 경기민언련, 광주전남민언련, 기독교사회문제연구원, 녹색연합, 대전충남민언련, 동아언론자유수호투쟁위원회, 문화연대, 미디어기독연대, 미디어수용자주권연대, 미디어연대, 민주개혁을위한인천시민연대, 민주사회를위한변호사모임, 민주언론시민연합, 바른지역언론연대, 방송기자연합회, 보건의료단체연합, 부산민언련, 불교언론대책위원회, 새언론포럼, 실천불교전국승가회, 언론개혁시민연대, 언론인권센터, 언론지키기천주교모임, 인터넷언론네트워크, 자주평화통일민족회의, 장애인정보문화누리, 전국교직원노동조합, 전국목회자정의평화실천협의회, 전국미디어운동네트워크, 전국민주노동조합총연맹, 전국신문판매연

국'을 2011년 KBS 10대 기획 중 하나인 '대한민국을 움직인 사람들'의 첫 아이템으로 준비하고 광복절에 맞춰 방송할 계획이었다. 그러나 좌파 총궐기에 준하는 엄청난 반대에 부딪히게 되었다. 이것이 한국의 현실이다. 대부분 좌파단체지만 보수성격의 단체들도 이승만을 친일·독재자로 규정하고 규탄하고 있었다.

박정희가 없었으면 지금 우리가 누리는 번영은 분명히 없다. 그 시절 우리보다 잘 살던 나라들을 보면 알 수 있다. 그 나라들은 지금도 부패와 독재가 계속되고 있고 경제적으로 낙후되었다. 그러나 박정희로 인해 우리는 이승만을 기억하지 못하게 되었다. 박정희가 이승만을 부정하고 지워 버렸기 때문이다. 북한 공산당이 이승만을 우리 역사에서 지운 것도 아니다. 종북 좌파와 주사파가 역사 교과서를 썼던 것도 아니다. 1960년대와 1970년대에는 군사독재를 반대하는 민주화 운동 세력은 있었지만 지금처럼 북한을 따르고 눈치 보는 종북 주사파는 없었다. 있었다 해도 미미했다. 비극적이지만 대한민국을 번영으로 이끌었던 지도자 박정희에 의해서 이승만 대통령은 역사에서 추방되었다. 그것도 단 한 줄로 "독재자"로 말이다. 그래서 교과서는 물론 방송이나 언론을 통해서도 우리는 알 수가 없었다.

....

대, 전국언론노동조합, 전북민언련, 진보네트워크센터, 참교육을위한전국학부모회, 참언론을위한모임, 학술단체협의회, 한국기독교협의회 정의평화위원회 사회정의소위원회, 한국기자협회, 한국노동조합총연맹, 한국민족예술인총연합, 한국방송기술인연합회, 한국언론정보학회, 한국여성민우회, 한국인터넷기자협회, 한국청년연합회, 한국PD연합회, 한국YMCA전국연맹, 환경운동연합 (이상 2011년 6월 20일 현재 83개 단체 참여)

이것이 대한민국의 비극이다. 건국 대통령을 지워버렸기 때문에 대한민국의 건국 자체도 불분명하게 되어버렸다. 이승만을 지우려다 보니 대한민국 건국까지 애매해져 버린 것이다. 그래서 우리는 건국의 아버지와 건국했던 날을 기념하지 않는 것이다. 박정희의 치명적인 실수였다. 박정희가 이룩한 경제성장도 이승만 대통령이 이 땅에 뿌리 내린 자유민주주의가 없었다면 불가능했다. 이승만 대통령이 이 땅에 남긴 자유민주주의 터전 속에서 우리는 자유의 공기를 마시며 번영을 누리고 있다.

박정희는 왜 이승만을 부정하고 지웠을까?

1960년~1964년 외교문서 등 공개된 여러 사실과 기록들이 뒷받침하고 있지만 군사 쿠데타로 집권한 자신의 정치적 정통성이 취약했었기 때문이라고 보는 것이 정설이다. 자유민주주의 종주국 미국에서 한평생 자유와 인권의 가치가 온 몸에 혈액처럼 흐르고 있었던 진정한 민주주의자 이승만 대통령을 군사혁명을 통해서 집권한 박정희가 인정한다는 것은 사실상 불가능한 일이었을 것이다. 민정이양을 거쳐 간신히 재집권에 성공했던 박정희는 결국 1972년 10월 유신으로 종신 독재를 선언하게 된다.

문맹률이 80%를 넘는 나라의 국민에게 보통 선거권을 부여했던 민주주의의 화신과도 같았던 건국 대통령을 강력한 권위주의 독재로 통치했던 후임 대통령 박정희가 부분적으로라도 인정하고 존경하는 것은 불가능한 것이었다. 그래서 박정희는 이승만을 아예 역사에서 지워 버렸다. 독재자로 낙인찍어 해외로 쫓아내서 생전에 그렇게 오고 싶어 했던 한국에 올 수 없게 했다.

독재자라고 불렸지만 독재의 급(?)이 달랐던 이승만

그러나 독재의 수준을 놓고 볼 때 독재의 최고봉이라 할 수 있는 스탈린, 김일성, 모택동은 물론이고 그 보다는 한 수 아래였던 박정희를 비롯한 군사정권의 독재와도 비교해 볼 때 과연 이승만을 그들과 같은 독재자로 볼 수 있을까? 이승만의 독재는 그들에 비하면 참으로 독재라고 부르기도 애매할 뿐이다. 독재자로 불렸으나 총, 칼로 국민을 억압하지 않았던 이승만. 비록 그가 독재의 대표적 인물로 한국에서 낙인 찍혔으나 그의 독재라는 것은 임기 8년을 4년 더 연장한 것이었다. 대한민국 건국 후 2년 만에 6.25 남침을 겪어야 했고 전쟁이후의 잿더미 상황 속에서 대한민국의 생존이 극도로 불안했던 시절이었다. 역설적으로 이승만의 독재 덕분에 대한민국은 유지될 수 있었다.

5
독재자였으나 위대한 선각자

　박정희로 인해 한국은 빈곤과 가난에서 비로소 벗어나게 된다. 굶주림과 헐벗음이 숙명이었던 한반도에서 마침내 굶주림의 고통이 끝났다. 박정희에 대한 평가는 이 사실 한가지만으로도 충분하다.

　상상할 수 없을 정도로 대한민국은 가난한 나라였다. 아직 보리가 수확되기 전인 춘궁기인 봄철에는 굶는 사람은 부지기수였고 굶어 죽는 사람도 많았다. 새롭게 탄생한 대한민국도 가난과 굶주림은 벗어 날 수 없었다. 전쟁과 잿더미 속에서 오직 미국이 제공하는 원조 물자로 생계를 이어 갈 수밖에 없었다. 건국의 아버지 이승만 대통령에 의해 '자유'라는 엄청난 보물을 미국으로부터 거저 얻다시피 했으나 가난까지 벗어날 수는 없었다. 박정희라는 인물에 의해 본격적으로 가난과의 전쟁이 시작되었다.

　박정희는 미국의 영향을 받았던 이승만과 달리 일본에 의해 사상적 기초가 다져진 인물이다. 일본 메이지 유신과 일본의 근대화를 통한 부국강병에 깊은 영향을 받았다. 군국주의에 기초한 일본의 일사불란한 국가운영 방식도 박정희의 뇌리에 깊이 박혀 있었다. 그러나 그는 이 모든 것을 오로지 저주와도 같은 가난에서 벗어나기 위한 도구로 사용했다. 식민지 출신 신생국가 지도자들이 사회주의에 영향을 받고 자국의 독립을 이끌어 냈으나 대부분이 자신과 일족의 탐욕과 부패로 점철된 것과 비교할 때 박정희의 삶은 근본적인 차이가 있다.

자주 국방을 실천했던 애국자

박정희는 1979년 주한미군을 철수시키려는 카터 미국 대통령과 담판을 벌였다. 6월 30일 청와대에 최후통첩을 하러 온 카터와 마주 앉은 박정희는 45분 동안 '반대 문서'를 읽었다. 분노한 카터는 턱 근육을 씰룩거리면서 배석한 밴스 국무장관과 브라운 국방장관에게 "박정희가 이런 식으로 나온다면 한국에서 미군을 전원 철수시키고 말겠다."는 메모를 전달했다. 그러나 결국 카터는 박정희에게 졌다. 한국이 반정부 인사 87명을 석방하는 조건으로 미군 철수를 포기했다. 박정희는 북한의 남침을 막기 위해 미국의 방해를 무릅쓰고 핵무기 개발을 추진했다. 1978년 9월 강창성 전 보안사령관에게 "핵무기 개발의 95%가 완료됐고 81년 상반기부터는 생산할 수 있다."고 했다[1]. 박정희는 국가의 생존을 위해 동맹인 미국과의 갈등도 불사했다.

....

1 돈 오버도퍼·로버트 칼린, 『두개의 한국』.

박정희는 길지 않았던 자신의 삶을 대한민국을 위해 바쳤다. 그의 아내인 육영수 여사는 1974년 8월 15일 광복절 기념식에서 북한에서 보낸 간첩이 쏜 총탄에 살해되었다. 박정희 자신도 1979년 10월 26일 부하의 총탄에 맞아 죽음을 맞았다. 그의 나이 62세였다. 비극적인 죽음이었으나 그는 진정한 애국자였다. 대한민국의 지도자였으나 세계적 지도자의 반열에 올랐던 또 한 명의 한국인이었다.

IV

**대한민국 건국,
6.25 전쟁,
전후 재건에
결정적 역할을 하다**

UN

한국과 UN의 특별한 관계[1]

대한민국 건국에 UN이 결정적 역할을 했던 사실을 알고 있는 한국인이 얼마나 될까? 1948년 5월 10일 실시되었던 남한만의 선거를 UN 한국위원회가 승인하는 과정도 기적에 가까웠다. UN 한국위원회 소속 국가들은 대부분 소련의 입장을 지지하고 있었다. 남한만의 단독 정부 수립이 사실상 어려운 상황이었다. 당시는 2차 대전 직후라서 UN 회원국들도 소련의 영향을 받은 좌파적 경향이 강했었다.

UN은 오늘의 한국이 있기까지에 결정적 역할을 했다. 대한민국은 UN에 의해 정부가 수립될 수 있었고 또 UN에 의해 공산침략으로부터 자유민주주의를 지켜 낼 수 있었다. 6.25로 인한 폐허에서 한국은 UN의 원조를 통해 재기의 발판을 마련할 수 있었다. 이러한 UN의 도움에 힘입어 한국은 UN으로부터 원조 받던 국가에서 원조하는 국가로 바뀐 유일한 나라가 될 수 있었다.

....

1 김의환, 『UN에 취업하기』, 디프넷, 2022.

UN은 대한민국에게 매우 특별한 존재다. UN이 존속하는 한 앞으로도 UN내에서 대한민국은 매우 중요하고 독특한 위치를 차지할 것이다. 193개 UN 회원국 중에서 UN 창립부터 참여한 51개국을 원회원국이라고 한다. 한국은 소련의 거부권행사로 1951년부터 옵저버지금 팔레스타인, 바티칸이 옵저버상태로 있다가 1991년이 되어서야 가입할 수 있었다.

UN은 1945년 10월 24일 창립[2] 되었다. 우리나라에서 1975년까지 10월 24은 법정 공휴일이었다. 그때까지는 모든 국민이 UN을 기억했다. 그리고 고맙게 여겼었다. 그 후 우리 경제가 발전하고 국력이 더 커지게 됨에 따라 UN은 많은 이들의 기억에서 점차 잊혀져 갔다.

飮水思源음수사원이라는 말이 있다. 물을 마실 때 이 물이 어디서 왔는가를 생각하라는 의미이다. UN은 대한민국에게 바로 飮水思源음수사원 같은 의미를 지닌다. 1948년 미소공동위원회가 결렬되자 UN으로 한국 문제가 이관되었다. 그래서 UN 한국위원회가 구

....

2 "제2차 세계대전이 끝난 1945년 국제사회는 유엔을 창설했다. 그전에 있던 국제연맹의 실패에서 얻은 교훈을 반영하려 했다. 즉, 국제연맹은 집단안보를 위한 강제력이 없어서 독일과 일본의 침략행위에 대응하지 못했다. 유엔은 안전보장이사회라는 강력한 기구를 만들고 평화를 지키기 위해서는 무력도 사용할 수 있는 권한을 줬다. 유엔의 집단안보 개념은 어느 국가가 침략행위를 하면 다른 모든 회원국이 단합해 이에 맞선다는 것이다. 1950년 6·25전쟁 당시 결성된 유엔군처럼 회원국들이 집단안보 행동을 할 수 있도록 안보리가 승인해 준다. UN 안전보장이사회의 결의로 한국에 16개국으로 구성된 UN군이 파병됨으로써 북한 공산당의 적화를 저지하게 된 것이다." 오준 경희대 석좌교수, 前 駐유엔 대사.

성되고 우여곡절 끝에 1948년 5월 10일 UN 감시 하에 남한 단독의 총선거가 실시되고 그 결과로 대한민국이 탄생하게 되었다. 무엇보다도 대한민국의 탄생과 출범은 UN에 의한 것이라는 사실을 기억해야 한다.

그러나 국가로서의 면모를 갖추기도 전에 소련의 지원을 받은 북한 공산당의 침략으로 6.25가 발발하고 순식간에 낙동강 일부만 남고 대한민국 대부분이 북한군의 점령 하에 들어가게 된다. 대한민국의 공산화가 눈앞으로 다가온 것이다. 미국을 중심으로 UN은 신속하게 안

6.25 기념우표

전보장 이사회를 소집해서 한국에 UN군 파병을 결정하였다. 제1차 세계대전 이후 만들어진 국제연맹이 규약을 어기는 나라에 대한 제재 방법이 없었던 것에 대한 보완책으로서 UN은 분쟁을 일으키는 나라를 제재하기 위해 국제 연합군을 창설했다. UN 군 파병의 첫 사례가 한국 파병이었다. 절체절명의 상황에서 대한민국은 UN에 의해 재탄생하게 된다. 휴전협정을 UN이 관할하고 사후 관리를 맡았으며 UNKRA한국 재건단을 중심으로 전후 복구사업도 UN에 의해 주도되었다.

그러나 우리가 UN에 가입하게 된 것은 UN 출범 후 46년이 흐른 1991년이다. 1948년 정부 수립 후 이승만 대통령은 그때부터 여러 차례 UN 가입을 시도하였다.[3] 그러나 공산국가인 소련, 중공의 반

침실2개 마루1개 부엌으로 구성된 도시형 재건주택
출처: UN Archives, 『한국주택유전자 1』, p.488.

대거부권 행사로 한국은 UN에 가입할 수 없었다. 결국, 1991년에서야 UN에 가입할 수 있었다. 뒤늦은 UN 가입이었지만 한국은 UN에서 빛나는 역할을 계속해 왔다.

한 마디로 한국은 UN에 의해 건국할 수 있었고 UN에 의해 공산화를 막을 수 있었으며, UN에 의해 자유민주주의 국가로 남게 된 것이다. 다시 말해 한국은 UN과 가장 관련이 깊은 나라라고 할 수 있다. 그러나 이러한 UN과 한국의 의미심장한 역사를 한국의 젊은이 대부분은 모르고 있다. UN을 선호하고 지망은 많이 하면서도 이

. . . .

3 대한민국은 1949년, 1956년 그리고 1975년 UN 가입을 신청하였으나 소련의 거부권 행사로 뜻을 이룰 수가 없었다.

러한 역사를 모르고 있다는 것은 안타까운 일이다. 한국이 다른 어
느 나라보다도 UN으로부터 도움을 많이 받았다는 사실을 정확히
이해하는 것은 우리가 UN에 대해 가져야할 기본적인 자세라고 하
겠다.

UN군 6.25 전쟁 참가기념(이탈리아)

V

글로벌 대기업으로
대한민국을
세계에 빛내다

기업인

1

선진국 따라 하기에서 선진국을 추월한
대한민국 기업들

한국이 블룸버그 혁신지수에서 '2021년 세계에서 가장 혁신적인 나라'로 선정됐다. 한국은 2014년~2019년까지 6년 연속 1위를 했다. 2020년에 독일이 1위를 하고, 2021년에 한국이 다시 1위를 탈환했다. 블룸버그 혁신지수는 주요 60개국을 대상으로 ① R&D 집중도 ② 특허활동 ③ 제조업 부가가치 ④ 생산성 ⑤ 첨단기술 집중도 ⑥ 교육 효율성 ⑦ 연구집중도 등 7개 부문을 평가해 100점 척도로 매년 산출한다. 왜 한국은 '가장 혁신적인 나라'로 평가받게 됐을까? 답은 대한민국 글로벌 대기업에 있다. 예컨대 R&D 집중도와 특허, 제조업 부가가치, 첨단기술 집중도의 경우 한국 대기업의 역할이 결정적이다. 삼성전자, 현대자동차, SK 하이닉스, LG전자, 포스코 등이 한국의 R&D 투자를 주도하고 있다.[1]

....
1 정책공감, "대한민국, 2021년 블룸버그 혁신지수 1위", 2021.03.

한국이 '세계에서 가장 혁신적인 나라'가 될 수 있었던 역사적 과정을 추적해보면, 첫째, 박정희가 주도한 기업의 대규모화 촉진 정책이 결정적으로 중요했고, 둘째, 1980년대 초반, 이건희 - 이병철이 삼성그룹 전체의 명운을 걸고 도전한 반도체 투자가 상징하듯, 혁신 지향적 기업가 정신이 매우 중요한 역할을 했고 셋째, 김학렬·장기영·김정렴·오원철·김재익으로 상징되는 한국 관료들의 우수함이 종합적으로 작동했다.[2] 결국 박정희의 기업육성, 특히 대기업 정책이 발판을 마련했고 대통령의 뜻을 구체적 성과로 만들어 내는 관료 집단의 우수성이 올바른 방향으로 이끌었다. 그러나 가장 중요한 것은 혜성처럼 나타나 세상에 없던 기업을 만들어 낸 기업인들이다.

우리는 아직도 우리 대기업들을 모른다. 대한민국의 번영에 대해서도 그렇듯이 사실 대기업에 대해서도 관심이 크지 않다. 취업준비 중인 취업희망자들에게만 잠시 높은 관심 대상이 될 뿐이다. 그러나 한국 밖에서는 다르다. 관심만 큰 것이 아니라 두려움의 대상으로 인식되고 있다. 한국의 대기업은 선진국을 따라하는 것을 넘어 상당한 수준 이미 앞서나가고 있기 때문이다. 한국은 어떻게 선진국을 따라잡는, 추월의 시대를 맞이하게 됐을까?[3]

여러 가지 원인이 복합적으로 작용했지만, 그중에서도 대기업과 기업가들의 역할이 컸다. 한국 대기업 창업주들과 2세~3세들은 높

....

2 김시우, 『추월의 시대』, 메디치미디어, 2021.
3 위 같은 책.

은 기업가 정신을 발휘했다고 봐야 한다. 이병철, 정주영, 신격호, 구인회 같은 1세대는 물론이고, 이건희와 정몽구로 상징되는 2세대 역시 마찬가지다.[4]

대한민국의 번영은 위대한 기업인과 그들이 만든 대기업에 의해 완성될 수 있었다.

....
4 위 같은 책.

2
세계가 놀라는 대한민국 발전의 상징은 기업이다

일류국가는 어떤 나라일까? 수많은 정의가 있겠지만 일류 기업이 많은 나라가 아닐까? 기업은 인간의 물질적 삶의 수준은 물론 인간이 살아가는 사회의 품격도 높여준다. 초일류 기업인 삼성전자를 통해서 한국인이 누리고 있는 품격 높은 소비수준도 여기에 해당된다. 기업은 번영의 원인이자 결과라고 할 수 있다. 좋은 기업이 없어도 잠깐의 성장은 가능할 수 있지만 지속적으로 번영이 유지될 수 있기 위해서는 무엇보다도 좋은 기업이 많아야 한다.

세계가 놀라는 한국의 발전은 기업을 통해 전세계에 가장 쉽게 알려진다. 외국으로 진출한 글로벌 대기업을 통해서다. 많은 나라의 공항과 도심 등 세계 어디에서나 볼 수 있는 우리 기업 로고와 제품은 한국을 알리는 최고의 외교관이다.

한국은 좋은 기업들이 1960년대와 1970년대에 태동했다. 물론 당시에는 중소기업들이었다. 점차 그 기업들은 커지기 시작했고 대한민국 경제 기적의 주역이 되었다. 창업주들은 온갖 어려움을 뚫고

대한민국 기업 로고

기업을 유지했다. 놀랍게도 2세와 3세로 이어지면서 기업들은 세계
적인 글로벌 기업으로 성장했다. 치열한 경쟁 속에서 한치 앞을 내
다보기도 어려운 여건 속에서 2세, 3세를 통해서 기업을 더욱 키우
고 발전시켰다. 기업을 세습한다고 비난하는 사람들도 많았다. 그러
나 기업이 계속 유지 발전하는 것은 비난 받을 일이 아니라 연구하
고 찬양 받아 마땅하다. 경영능력이 없다면 2세, 3세로 이어질 수 없
다. 창업주의 혜안과 통찰력에 경의를 표할 일이다. 그렇게 이어지
고 발전한 일류 대기업[5] 덕분에 대한민국은 번영하고 국제사회에 존

....

5 대만은 한국을 부러워한다. 대기업을 키워서 중국보다 앞서서 반도체와 중화학
  공업 등 제조업을 육성했기 때문이다. 매일경제, [김대영 칼럼] "새로운 한·

재감을 더욱 키워 갈 수 있었다. 1960년대~1970년대 창업주를 포함한 대한민국 기업인들은 대한민국 번영에 가장 큰 역할을 했다.

한국의 번영은 복잡한 퍼즐을 맞추는 과정

여러 개 퍼즐 조각 중에서 단 한 개라도 없으면 결국 전체가 만들어지지 않는 것처럼 말이다. 박정희가 기업 육성 의지를 가지고 정부차원의 모든 지원을 아끼지 않았지만 경영역량을 지닌 기업인이 없었다면 마치 자동차는 있지만 운전기사가 없는 것과 마찬가지라고 할 수 있다. 정부가 아무리 지원을 한다고 해도 끊임없이 혁신하고 도전하는 기업가 정신을 지닌 경영자가 없었다면 지금 대한민국의 번영은 불가능 했다. 정부지원에만 의존하는 고만고만한 구멍가게 수준의 중소기업들만 가득하게 되었을 것이다. 대부분의 개도국에서 볼 수 있는 공통적인 모습이다.

그러나 한국은 달랐다. 이승만이 깔아 놓은 자유민주주의와 시장경제 시스템에서 박정희가 물심양면으로 지원한 기업 육성 전략은 위대한 기업인들의 출현으로 인해서 한국은 물론 세계가 놀라는 글로벌 대기업이라는 결실을 맺었다.

....
중·일 산업 3국지", 2022.02.16.

3
100년에 한 명 나오기도 힘든 기업인
수 십 명이 나타나다

자본주의 경제에서 경제 성장을 하려면 생산능력을 갖추어야 한다. 물품을 만드는 제조업의 경우 생산을 하려면 설비와 공장 그리고 직원들이 필요하다. 이러한 물적 조합을 우리는 기업이라고 부른다. 결국 경제성장은 생산을 담당하는 기업이 존재하느냐와 그런 기업들이 얼마나 생산력을 가지고 있느냐에 달려 있다. 그런데 기업의 생산능력은 다른 조건보다도 경영능력, 즉 기업을 이끄는 기업인의 역량에 크게 달려 있다. 다시 말해서 기업을 경영하는 경영자, 기업인의 수준과 자질에 모든 것이 달려 있다고 할 수 있다.

생산을 담당하는 기업 없이는 경제사회 발전은 불가능하다. 공산국가와 사회주의 국가에서 흔히 볼 수 있는 국유기업은 기업으로 보기 어렵다. 국가의 통제를 받는 기관에 불과하다. 비효율과 부패만을 생산해 낼 뿐이다. 기업은 민간인이 자율적으로 경영할 수 있어야 기업이라고 할 수 있다. 국가를 위하거나 공익 등을 내세우는 기업은 기업이라 할 수 없다. 그것은 국가기관인 것이다. 기업은 영리를 목적으로 해야 한다. 영리를 목적으로 해야 기업 규모가 커질 수 있고 더 많은 일자리와 고용을 만들어 낸다. 기업은 이익의 극대화를 위해 경영효율의 최적화를 항상 노력해야하기 때문이다.

미국에 의해 해방을 맞았지만 남한에는 물적 생산을 위한 기반은 아무것도 없었다. 그나마 있던 공장들도 6.25 전쟁으로 모두 파괴되었다. 절망적인 상황이었다. 물적 토대와 현실은 절망적이었으나 절망을 기회로 생각하는 위대한 기업가 정신이 남한에서 싹트고 있었다. 박정희라는 위대한 지도자를 가졌던 신생국가 대한민국에 박정희의 경제 설계도를 함께 만들어 나갈 위대한 기업인들이 때 맞춰 여기저기에서 나타났다. 100년에 한 명도 나오기 힘든 위대한 기업인 수 십 명이 한꺼번에 대한민국에 출현한 것이다. 거인의 탄생이었다.

많은 한국인들이 한국 기업들은 정부의 특혜를 받아서 성장했다고 말한다. 반은 맞고 반은 틀린 말이다. 돈이나 특혜를 준다고 성공한다는 보장은 없다. 개도국들은 자본과 기술이 절대적으로 부족하다. 그래서 대부분의 국가에서 특정 기업인들에게 자금대출, 외화, 세금 등에 있어서 특혜를 주는 경우가 많다. 제한된 자금을 가장 유능한 기업인에게 집중적으로 지원하기 위해서다. 그러나 대부분의 개도국에서는 유능한 기업인이 반드시 경영 능력이 탁월한 기업인을 의미하지는 않는다. 오히려 권력자와 정부기관에게 뇌물을 잘 주는 능력을 지닌 자가 유능한 기업인이라고 불리는 경우가 흔하다.

따라서 생산적인 경제활동에 쓰여야 할 외국 차관이나 금융기관으로부터 대출받은 자금이 기업인과 정부 관료간의 뒷거래인 부패로 끝나게 되고 기업이 받은 특혜가 경제성장에 기여하지 못한다. 국민경제의 성장을 위한 특혜가 특정 권력자와 기업인들을 위한 특혜로 끝나기 때문이다. 대부분의 개도국에서 나타나는 공통적인 현상이다. 예외는 오직 대한민국이다. 대한민국 기업인들만 성과를 내었고 기업의 성공을 통해 국가 경제발전에 크게 기여했다. 일자리와 소득을 만들어 냈다. 물론 그들 중 상당수가 정부의 세제, 자금 등 특혜성 지원을 받은 것도 사실이다. 그러나 특혜를 준다고 누구나 성공할 수 있는 것이 아니다. 기업은 경영 능력이 있는 사람이 경영을 할 때만 성과를 낼 수 있다. 1960년대와 1970년대 대한민국에는 훗날 세계적 수준의 기업인으로 성장하게 되는 위대한 기업인 수십 명이 쏟아져 나왔다.

‘불철주야’라는 말의 뜻은 밤이나 낮이나 겨울이나 여름이나 할 것 없이 항상 언제나 노력한다는 것이다. 가진 것이라고는 맨 주먹 뿐인 대한민국에서 기업을 한다는 것 역시 맨주먹으로 한다는 것을 의미한다. 기업인들은 두 주먹을 굳게 쥐고 불철주야 뛰어 다녔다. 자본도 기술도 석유도 없었지만 그들에게는 ‘기업가 정신’이 있었다. 기업가 정신은 무에서 유를 창조하는 불철주야의 정신을 말한다. 땅속에서 석유가 펑펑 솟아나고 자본과 자원이 풍부해도 기업가 정신이 없다면 좋은 기업은 만들어 질 수 없다. 대한민국은 아무것도 없었지만 다른 신생국가와 개도국에는 없는 기업가 정신으로 가득했다. “하면 된다, 할 수 있다.”라는 말들이 기업 현장 어디에서나

울려 퍼졌다.

　무모하다고 여겨지는 일들이 성과를 내기 시작했다. 불가능이라고 여겨지던 공사가 발주되고 잡초만 무성하던 벌판에 조선소와 제철소가 들어서기 시작했다. 운명으로만 여겼던 가난에서 벗어나기 위해 온 국민이 "잘살아 보세"를 외칠 때 기적처럼 나타난 위대한 기업가들은 이런 국민의 염원을 구체적 성과로 만들어 내었다. 삼성, 현대, 대우, LG, 롯데, 선경SK, 포철포스코, 한화, 효성 등 셀 수도 없는 뛰어난 기업인들이 일본 국토의 1/4 정도 밖에 안 되는 한반도 남쪽에서 나타났다. 기적이라는 말 외에 무엇으로 이러한 현상을 설명할 것인가? 기업이 무엇인지도 몰랐던 한국이 기업으로 넘쳐 나고 일류 기업은 물론 초일류 기업까지 나타난 현실을 상상이나 할 수 있었을까?

빛나는 별이 된 기업인들

❶ 포철 박태준 회장 ❷ 정몽구 현대차 회장/ 정주영 현대그룹 회장
❸ 구본무 LG 회장/구자경 회장/구인회 창업주
❹ 김재철 동원그룹 회장/조중훈 한진그룹 회장 ❺ 이병철 삼성그룹 회장/이건희 회장
❻ 최종현 SK회장/최종건 창업주 ❼ 신격호 롯데그룹 회장

4

문화와 토양이 갖춰지지 않은 여건 속에서
기업하기의 어려움

신생국가 미국이 영국, 프랑스, 네덜란드 등 유럽의 전통적인 선진국은 물론 다소 산업혁명이 늦었던 후발 국가 독일과 나란히 어깨를 마주했던 것은 19세기 후반부터였다. 바야흐로 미국의 세기가 막 열리기 직전이었다. 미국을 세계의 열강과 선진 공업 대국으로 이끈 것은 기업인들이었다. 미국 방송에서 가끔 나오는 다큐멘터리 'People Who Built America미국을 만든 사람들'의 주요 내용은 기업인들에 관한 것이다. 19세기부터 20세기까지 미국이 세계를 선도할 수 있도록 하는데 결정적 역할을 했던 사람들에 관한 이야기다. 미국에서 존경받는 위인은 놀랍게도 대통령이나 수상, 장군이 아니다. 기업인들이다. 이 다큐멘터리도 기업인들에 관한 이야기다. 미국은 기업의 나라이기 때문이다. 철도와 선박 왕으로 불린 벤더빌트, 철강 왕 앤드류 카네기, 석유 사업가 록펠러, 금융의 전설 JP모건, 자동차 왕 헨리포드 등이 대표적이다.

20세기 초에 기업과 산업 분야에서 전통적인 유럽 국가들을 물리

치고 세계의 선도국가로 등장한 나라가 미국이라면 약 100년 후 극
동의 작은 이름 없던 나라가 세계 산업계에 두각을 나타낸다. 대한
민국이다. 자원도 기술도 없는 세계 최빈국에 월드클래스의 기업인
들이 한꺼번에 나타나서 세계가 놀랄만한 기업들을 만들어 낸 것이
다. 미국에 비유하자면 JP 모건, 벤더빌트, 카네기, 록펠러, 헨리포
드, 에디슨이 한꺼번에 한국에 나타난 셈이다.

　관정부을 높이고 상인기업인을 천시 여기는 사농공상[1]의 유교적 신
분질서가 21세기에도 남아 있는 한국에 세계적인 기업인 수 십 명
이 나타난 것이다. 한국의 근대화는 이런 기업인들에 의해서 본격적
으로 추진될 수 있었다. '기업'이라는 생산수단을 통해 국민들이 물
질문명의 혜택과 편리함을 본격적으로 느끼기 시작했다.[2]

····················

1　예로부터 한국에선 기업인이 정치색을 보이면 정치권은 해당 기업을 흔들곤
　　했다. 그 기저에는 '감히 장사꾼 주제에'라는 시대착오적인 사농공상 멘탈리
　　티가 있다. 한국 정치에서 노동계는 과잉대표돼 있고, 기업은 과소대표돼 있
　　다. 이게 고쳐지지 않으면 지속적인 고용 창출, 부강한 복지국가가 말장난이
　　된다. 매일경제, [이진우 칼럼] "기업인은 왜 '정치적 천민'이어야 하나",
　　2022.01.26.
2　"과거 프랑스가 영국보다 인구가 2~3배 많았습니다. 그런데 영국에 세금이 더
　　많이 걷혀요. 인구가 3분의 1인데 어떻게 세금이 더 걷혔냐. 영국이 산업혁명에
　　성공하면서 기업이 많이 생기고 고용이 늘어나고 중견기업, 대기업까지 많아졌
　　습니다. 기업이 있으면 고용이 늘어나고 고용이 늘어나면 세금이 많이 걷힌다
　　는 사실을 보여준 겁니다. 기업 가치를 강조하는 유일한 이유는 대중을 잘살게
　　하는 방법이 기업 없이 안 되기 때문이에요. 모든 고용은 기업만이 창출합니다.
　　그것도 영리를 목적으로 하는 기업이 창출해요. 영리를 목적으로 하지 않으면
　　기업이 크질 않고 고용도 늘어나지 않습니다. 기업이 국가 발전에 동력, 행복의
　　원천입니다." 김태유(서울대 산업공학과 교수),「패권 가를 2차 대분기, 기업

자본주의와 경제활동이 무엇인지조차도 몰랐던 한국에서 기업이 뿌리를 내린다는 것은 어떤 의미를 지니는가? 청교도 윤리와 자본주의 정신이 이미 근본을 형성했던 미국[3]이나 영국[4], 서유럽 국가들과는 비교조차 어려운 상황이었다. 미국이나 영국은 물론 세계 많은 나라들이 기업에 대한 지원과 혜택을 아끼지 않는다.[5] 툭하면 글로벌 기업의 대표를 감옥에 보내고 기업을 옥죄는 법률을 마치 물건 만들 듯이 쉽게 만들어내는 우리 상황[6]과는 크게 다르다. 조선식 사

....

· 과학자가 시대 주역」.

3 세계 경제수도 뉴욕은 온통 기업인들로 가득하다. 중심부에 록펠러 센터, 카네기 센터를 비롯 곳곳에 크고 작은 기업인 이름의 건물과 장소들이 있다. 미국 명문 대학들은 하버드, 예일, 프린스턴, 브라운대 처럼 基督敎 牧師(기독교 목사)들이 設立(설립)한 학교도 많지만 카네기 멜론대, 스탠퍼드대, 밴더빌트 대학 등 기업인의 이름을 따서 설립한 대학도 많다. 노벨상을 90명 이상 배출한 시카고 대학도 19세기 말에 록펠러가 인수한 대학이었다.

4 영국의 최고 고액권인 50파운드 권에는 증기기관 발명자인 제임스 와트와 기업인이 화폐 인물로 들어가 있다. 기술자와 기업인을 존중하는 영국 實用主義 精神(실용주의 정신)을 象徵(상징)한다.

5 미국 조지아 주는 기아차의 現地 投資(현지 투자)를 感謝(감사)하는 意味(의미)에서 기아 avnue(길)까지 만들기도 했다.

6 국내 285개 경제 관련 법률에 처벌 조항이 2657개나 된다. 이 중 83%인 2205개가 대표이사에 대한 형사 처벌 조항을 담고 있다. 기업 대표가 되는 순간 '잠재적 범죄자'가 된다는 얘기다. 전국경제인연합회가 16개 부처 소관 경제법률의 형벌 규정을 전수 조사한 결과, 전체 처벌 항목 6568개 중 92%(6044개)가 대표와 법인을 함께 처벌할 수 있는 것으로 드러났다. 이러니 외국인 경영자들이 처벌 부담에 한국 근무를 기피하는 분위기가 생기는 것도 무리가 아니다. 공정거래법 하도급법 자본시장법 등 경제 관련 법안 중 과징금이나 과태료로 충분한 사안에 형사 처벌을 적용하는 사례가 부지기수다. 심지어 서류 누락 등 절차적 위반에까지 형벌을 부과한다. 중대재해처벌법은 상한 없는 징역형에 벌금과

농공상의 서열의식은 여전히 강고하다. 조선 지배층이 상공인을 손볼 대상으로 간주했듯이, 사림 양반을 닮은 정치인들은 끊임없이 '재벌 개혁'을 외친다. 국가대표 기업들이 글로벌 초격차를 벌리고 있지만 한국의 정치인은 아직도 '안방 여포'수준이다.[7] 그래서 한국의 기업인들이 만든 성과는 더욱 소중하다고 할 수 있다. 기업에 대한 부정적인 편견이 광범위하게 존재하고 기업 활동을 장려하는 환경이 조성되기 어려운 나라[8]에서 기업을 한다는 것은 경험해 보지 않은 사람들은 알기 어렵다.[9]

....

징벌적 손해배상까지 추가한 과잉·중복 처벌의 대표 사례다. [사설] "징역형 중심의 과도한 기업 형벌 개선, 만시지탄이다", 한국경제, 2022.07.13.

7 [오형규 칼럼] "조선이 아직 안 망한 건가", 한경, 2021.01.27.

8 미국 국무부가 170개국을 대상으로 조사해 21일 발표한 '2021 투자환경 보고서'의 한국편은 충격적이다. 우선, 가장 자세히 비중 있게 다룬 데서 미국의 관심을 짐작할 수 있다. 내용은 더욱 구체적이다. '한국에서 근무하는 외국계 최고경영자(CEO)들은 안전·노사·직장 내 괴롭힘 등 현안까지 일일이 챙기지 않으면 법정행(行)도 각오해야 한다'는 내용과 함께 그 이유를 소상히 전했다. 이런 환경이 개선되긴 커녕 더 악화할 것이란 전망까지 담았다. 보고서는 '한국에서 의원입법 형태로 전체 법률의 80%가 엄격한 영향평가 없이 국회 문턱을 넘는다', '대통령 시행령의 경우에도 업계나 당사자의 충분한 의견 수렴 없이 공포된다'고 지적했다. 종합하면, 한국 국회와 대통령이 앞뒤 안 가리고 기업 옥죄기 법규를 쏟아내고 시행하니 투자 및 기업 활동에 각별히 조심하라는 경고다. [사설] "'한국선 CEO 법정行 각오' 美 보고서 나온 참담한 현실", 문화일보, 2021.07.23.

9 미국 동부 대서양 연안의 델라웨어주. 미국에서 두 번째로 작은 주다. 인구가 100만 명이 안 된다. 글로벌 기업 본사가 가장 많다. 애플 아마존 알파벳 월마트 메타(옛 페이스북) 테슬라 등의 본사 및 자회사 주소지가 몰려 있다. 2020년 기준으로 포천 500대 기업의 67.8%(339개사)가 법인을 둘 정도다. 비결은 델라웨어주 회사법에 있다. 기업 지배구조와 경영활동에 최대한의 자율성을 부여한

아무것도 없었던 한국에서 1960년대, 1970년대 기업인의 출현과 활약은 눈물겨운 성공사례이자 기적이라고 밖에는 말 할 수 없다. 세계의 기적이자 2차 대전이후 유일무이한 케이스였다. 지금 대한민국의 번영을 누리게 한 일류 글로벌 기업들이다. 일류국가가 아닌 나라이면서 일류 기업이 많은 유일한 나라가 한국이다. 자랑스러운 대한민국 기업[10]과 기업인들에게 진심으로 감사의 말을 전하고 싶다.

....

다. 이사회 구성 때 이사가 1명이면 된다. 나머지는 기업 재량에 맡긴다. 기업이 차등의결권, 포이즌필 등 경영권 방어장치를 쉽게 도입할 수 있는 배경이다. '기업 천국' 델라웨어와 달리 한국은 '규제 공화국'으로 불린다. 상법 개정으로 감사위원 분리선출, 다중대표소송 등이 도입됐지만 투기자본의 공격에 대응할 수 있는 경영권 방어수단은 없다. 대주주 의결권 제한(3%룰), 감사위원회 설치 의무화(자산 2조원 이상), 이사의 경영책임 강화 등 갈수록 기업 규제가 늘어나는 추세다. 뿌리 깊은 반(反)기업 정서와 기울어진 노사운동장은 말할 것도 없다. 기업가 정신이 싹트기 힘든 척박한 환경 속에서도 한국 기업이 보여준 저력은 기적과도 같다. 코로나19 팬데믹 속에서도 위기를 기회로 반전시켰다. 원자재 파동과 각국의 봉쇄를 뚫고 사상 최대 이익을 거둔 곳도 적지 않다. 메모리 반도체 최강자 삼성전자는 비메모리 고지 점령에 나섰다. 현대자동차는 전기차와 함께 미래 모빌리티인 플라잉카에 집중투자하고 있다. 삼성바이오로직스와 SK바이오사이언스는 백신 생산 기술력을 과시했다. 셀트리온은 세계에서 몇 안 되는 코로나항체 치료제(렉키로나) 개발회사 반열에 올랐다. 글로벌 무대를 누빈 기업들 덕분에 지난해 한국 수출은 사상 최대치(6445억 달러)를 기록했다. 수출도, 투자도, 일자리 창출도 모두 기업의 몫이다. 기업을 소중하게 대하지 않고서는 기술 패권 전쟁이 한창인 글로벌 대전환기에 국가 앞날을 장담할 수 없다. [이건호 칼럼] "美 델라웨어州가 부러운 이유", 한국경제, 2022.01.04.

10 지난해 수출의 경제성장 기여율이 87.5%에 달했다고 한국은행이 분석했다. 정부는 "과감한 재정정책으로 지난해 4%의 탄탄한 경제성장률을 달성했다"고 짐짓 생색을 냈지만, 실은 기업의 역할이 압도적이었다는 의미다. 수출의 성장 기여율 87.5%는 여타 부문의 기여율 합계가 12.5%에 불과했다는 뜻이기도 하

다. 이는 위기국면에선 소비와 투자가 위축될 수밖에 없고, 정부가 돈을 쏟아붓는 방식도 비효율적이란 사실을 잘 보여준다. 한국 삼성전자나 대만 TSMC를 보면 기업이 '국가 외교자산'이 되는 시대의 도래가 뚜렷하다. 진정 민생을 위한다면 국고를 털어 현금을 살포하기보다 기업 수출 지원을 최우선정책으로 삼아야 하는 이유다. 정부는 수출기업들의 분투에 숟가락 올릴 생각만 할 뿐, 지원은 먼 산 보듯 한다. 여론에 떠밀려 뒤늦게 반도체특별법을 통과시켰다지만 인력 양성, 세제 혜택 등이 기대치를 한참 밑도는 데서 잘 드러난다. 현대중공업·대우조선 메가합병을 해외에서 제동걸 때까지 아무 역할도 못해 조선·해운업 호황 도래의 효과를 스스로 반감시켰다. 수출주역 제조업과 미래주역 디지털 산업을 겹겹이 규제로 옥죄는 것은 경제 버팀목을 스스로 베어내는 일에 다름 아니다. [사설] "수출의 성장기여율 88% … 기업들 없었으면 어쩔 뻔했나", 한국경제, 2022.02.04.

5
반 기업정서와 규제 속에서 이루어낸
글로벌 대기업, 그래서 더 대단한

애덤 스미스Adam Smith·1723~1790는 『국부론』1776에서 인간의 이기심selfishness이 경제 발전을 가져온다고 긍정했다. "빵집 주인이 빵을 만드는 목적은 소비자들에 대한 '자비'가 아닌 개인적 이익 추구이지만 결과적으로 소비자는 빵을 먹고, 주인은 돈을 번 다"는 것이다. 일본에서 경영의 신이라 불리는 마츠시타 고노스케는 기업은 사회에 필요한 물품을 끊임없이 공급함으로써 공적 목적을 지니고 있다고 설파했다. 모두 기업이 가지고 있는 본질을 설명한 말이다. 기업은 영리를 추구하는 사적 성격을 지녔지만 기업 활동은 결과적으로 기업인 개인뿐만 아니라 많은 사람들을 돕고 나아가서는 사회, 국가에도 기여한다는 뜻이다. 기업의 중요성을 언급하고 있다.

세계가 놀라고 있는 성장과 번영을 이루어 낸 대한민국의 기업들을 설명하고 있는 것과도 같은 착각이 들 정도다. 그러나 안타까운 일이지만 한국에서는 기업에 대해서 부정적 시각이 많이 남아 있다. 단지 시각에만 머물지 않고 기업 활동을 위축시켜 결국 경제 활력과 성장을 떨어뜨리고 있다는 데 문제의 심각성이 있다. 기업은 우리가 필요로 하는 거의 모든 제품을 생산한다. 무엇보다 사람들에게 일자리를 제공한다. 미국의 저명한 경제학자 타일러 코웬 조지메이슨 대교수는 "일자리는 우리 자부심의 가장 큰 원천 중 하나이며 사회적 네트워크를 형성하는 중요한 수단"이라고 했다. 그렇다면 우리에게 필요한 것을 주는 기업에 대한 반감은 왜 사라지지 않을까.

김수한·이명진 고려대 교수가 쓴 '한국사회의 반 기업문화'는 사람들이 기업과 기업인을 싫어하게 된 이유를 크게 두 가지로 봤다. 하나는 기업과 기업인이 정권과 밀접한 관계를 맺고 특혜를 누렸던 점이다. 이승만 정부는 한국전쟁의 복구과정에서 특정 기업에 특혜를 줬고, 이후 박정희 정부와 군부 통치 시절도 크게 다르지 않았다. 사람들은 특혜로 성장한 기업의 정당성을 인정하지 않고 기업과 기업인을 신뢰하지 않았다.[1] 또 하나는 국가와 정치세력이 정치적 정당성을 확보하기 위해 반 기업정서를 끊임없이 확대 재생산한 점이다. 박정희 전 대통령과 전두환 전 대통령은 정권의 목표를 달성하고 정치적 정당성을 확보하기 위해 반재벌정서를 조장하고 이용했다. 김영삼 정부 때도 전 정권에서 성장한 기업인에 대한 '단죄'가 이뤄졌고, 김대중 정부에서는 외환위기를 초래한 주범으로 대기업이 지목돼 많은 기업이 퇴출됐다. 국가와 지배 정치세력은 한국인의 마음속에 기업에 대한 부정적인 인식과 반감을 심어주는 역할을 했다. 모든 정권은 자신의 정치적 기반과 통치의 정당성을 확보하기

....

1 전재호, [데스크 칼럼] "반기업 정서를 부추기는 이들", 조선비즈, 2021.06.12.

위해 기업 및 기업가와 의도적인 갈등과 타협을 반복했다"고 했다.[2]

복잡한 지배구조로 비판 받아 왔지만 반도체 등 영역에서 세계 일류 기업이 된 삼성전자와 2018년 미국 시장조사업체 JD파워 조사 결과 품질 1위, 2위, 3위를 석권했던 현대자동차는 지배구조 관련 한국재벌특유론[3]에 의하면 세계적 브랜드로 성장할 수가 없으나, 현실은 반대로 글로벌 브랜드로 자리매김에 성공했다. 현행 공정거래 법상 대기업집단 규제는 특정 행위로 인한 경쟁제한효과를 문제 삼는 것이 아니라 일정한 규모 이상의 대기업집단을 무조건적으로 규제한다. 이런 배경에는 경제력집중이 발생하면 대기업은 독과점 이윤을 얻을 수 있는 반면 경제 효율성이 떨어진다는 전제가 있으나, 이는 증명된 바 없는 추측에 지나지 않으며 오히려 경제력 집중의 근본적 해결책은 불법로비 등 부당한 정경유착 단절에 있다고 봐야 한다. 다시 말해서 독점규제법으로 대기업집단을 억제할 문제가 아니라는 것이다.[4]

....

2 위 같은 글.
3 한국에는 대기업집단 "특유"의 문제가 있으므로, 외국과 달리 경쟁법으로 대기업집단을 규제할 수 있다는 견해. 정치권과 정부는 대기업집단을 공정거래법으로 규제하는 것은 1987년 헌법 개정시 헌법 제119조 제2항에 신설된 소위 '경제민주화'를 위한 것이고, 일부 학자들도 헌법상 경제민주화 조항은 대기업집단에 대한 강력한 규제를 정당화시킬 수 있는 조항이라고 하였음. 주진열, 「공정거래법상 경제력 집중 및 대기업집단의 규제의 문제점과 개선방향」, KERI 한국경제연구원, 2021.03.
4 주진열, 「공정거래법상 경제력 집중 및 대기업집단의 규제의 문제점과 개선방향」, KERI 한국경제연구원, 2021.3.

만약 한국에서 지배구조 문제로 온갖 비난을 받아온 삼성그룹, 현대자동차그룹 전체가 중국, 러시아, 베트남, 쿠바와 같은 사회주의 국가로 영구 이전하겠다고 하면, 어떻게 될까? 이들 정부와 국민은 공정거래법 적용 제외는 물론 모든 지원과 격려를 아끼지 않을 것이다. 한국 대기업의 글로벌 시장 점유율이 높아질수록 경제력집중도는 같이 높아질 수밖에 없다. 그러나 삼성전자와 현대자동차의 글로벌 시장 점유율이 폭락하면 경제력집중도 그만큼 낮아질 것이다. 대기업집단이 모두 사라지면 경제력집중은 낮아지겠지만, 협력업체들도 모두 사라질 것이고 실업자는 대폭 증가하고 말 것이다. 반대로 삼성그룹과 같은 대기업집단이 10개, 20개 더 생겨나면 경제력집중이 커지겠지만, 고용과 국민소득도 대폭 늘어날 것이다.[5] 과연 어느 편이 대한민국과 국민들에게 그리고 좋은 일자리를 찾아서 온갖 고통을 감내하고 있는 청년들에게 유익할까?

자산기준 기업집단 규모가 크다는 이유만으로 경쟁법_{공정거래법}으로 규제하는 국가는 없다. 공정거래법은 자산 규모가 5조원 이상인 대기업집단을 공시대상기업집단으로 정해 상호출자제한 기업집단_{자산 10조원 이상}이 받는 총수일가 사익편취 규제와 공시 의무 규제를 받도록 하고 있다.[6] 주요 그룹 지주회사인 C사의 경우 전체 직원이 40여 명에 불과한데 개인정보를 관리하는 임원급 최고정보보호책임자

....
5 위 같은 글.
6 김상훈, "사익편취 규제 대상 자산 5조원 이상 대기업집단 9월까지 지정", 서울 경제, 2017.07.11.

CISO를 별도로 고용해야만 한다. '자산총액 5조 원 이상'에 해당하는 회사가 홈페이지를 운영하고 있다는 단순한 이유에서다. 이 회사 홈페이지는 계열사 소식을 전달하는 목적이어서 개인정보를 다룰 일이 없다. 회사 측은 "지주회사나 특수목적법인 등 정보보호 필요성이 낮은 기업은 CISO를 부장급으로 완화하거나 겸직이 가능하도록 해야 한다"고 말했다.[7]

공정위는 매년 4월에 계열사 자산이 5조원이 넘는 그룹을 대기업 집단으로 지정해 발표한다. 여기에 속하면 64개에 이르는 법령·규칙에 따라 대기업 규제를 받는다. 2016년에는 카카오와 하림, 셀트리온 등이 새로 포함되면서 논란이 일었다. 5조원 기준을 갓 넘긴 해당 기업이 자산이 70여 배에 이르는 삼성과 똑같은 대기업 규제를 받게 됐기 때문이다.[8] 최근 카카오가 카카오모바일을 매각하겠다는 발표를 했는데 다른 경영상의 이유들도 있지만 공정위의 자산 5조원 대기업 집단 지정에서 벗어나기 위한 것도 하나의 이유로 볼 수 있다.

반 기업정서와 공정거래법상의 비합리적인 경제력집중 억제조치 말고도 한국에서는 다른 나라에서는 상상할 수 없는 일들이 벌어지고 있다. 대한민국 발전을 가로 막는 최대의 장애물은 국회와 정부에서 무차별적으로 쏟아내는 온갖 종류의 규제다. 경제3법, 노동법,

· · · · · · · · · · · · · · · · ·

7 송충현·곽도영, "기업투자 발목 잡는 '시행령 규제'103건 손본다", 동아일보, 2022.07.19.
8 위 같은 글.

중대재해처벌법, 직장괴롭힘방지법 등을 필두로 수많은 규제법들이 지금도 국회에서 만들어 지고 있다. 공통점은 모두 기업을 대상으로 한다는 점이다. 모든 정권은 입만 열면 일자리가 중요하다고 외친다. 청년들의 일자리를 만들어야 한다고 소리 높이 외친다. 모두 말뿐이다. 실상은 정반대다. 일자리는 기업이 만든다. 기업이 힘들면 일자리를 만드는 것은 고사하고 있는 일자리도 없어진다. 그래서 기업이 중요한 것이다. 기업을 규제하는 악성 법률은 국회에서 만들지만 더 문제는 그 법을 집행하는 공무원이다. 각 부처는 법률이 통과될 때마다 그 규제가 기업에 미치는 영향력은 거의 고려하지 않는다. 규제영향평가 등 입법적 절차도 모두 요식 행위에 불과하다. 관련 정부 부처들도 규제 법안에 대해서는 침묵모드로 전환한다. 조직을 신설하고 공무원 정원을 늘려야하기 때문이다. 공무원을 늘리고 조직을 신설하기 위해서는 규제로 인한 부작용과 문제점은 단 한 줄도 말해서는 안 된다. 오직 규제의 필요성과 규제 신설로 인한 국민 복리 증진만을 외친다. 결국 막강한 법률과 그 법률을 집행하기 위해 증원된 수많은 공무원들은 기업인과 경제를 더욱 질식시킨다.[9]

....

9 역대 정권 중에서 가장 폭발적으로 공무원 수를 늘린 문재인 정권은 역대 최악의 규제 정부로 기억될 것이다. 지난해 말 기준 문재인 정권의 공무원 증가율 (9.5%)은 종전 최고치인 노무현 정부(8.23%)를 웃돌면서 역대 최고를 기록했다. 이는 특히 이명박(1.24%), 박근혜 정부(4.19%)와 비교하면 8배, 2배 높다. 기획재정부·행정안전부·금융감독원 전자공시(DART)·한국상장사협의회 자료를 분석한 결과 지난해 공공부문(공무원 재직자와 공공기관 임직원) 총 인건비는 89조5000억원으로 500대 민간 기업 인건비 합 85조9000억원보다 3조6000억원이 많았다. 공공부문이 500대 기업 인건비를 추월한 것은 지난해가 처음이다. 2016년에는 공공부문 인건비(71조4000억 원)가 500대 기업(75조

공공부문 증원은 OECD 평균을 들먹이지 않더라도 필요하면 늘려야 한다. 문제는 어느 분야를 늘리냐에 있다. 대한민국의 미래를 열어 가는 분야가 아니라 모두 기업을 규제한다는 것에 문제가 있다. 산업현장에서 노동자 사망사고 발생 시 기업인을 징역 1년 이상에 처하는 법률인 중대재해처벌법은 전 세계에 한국 밖에 없는 법이다. 사법경찰관인 근로감독관과 안전 감시 공무원을 수 천 명 증원했고, 기업 규제를 위한 공정거래분야도 대폭 증원했다.[10]

이런 사례를 열거하자면 책 한권으로도 부족할 것이다. 필자는 십수 년 전부터 대한민국 관문인 인천공항의 이름을 '이건희'공항으로, 현대자동차, 현대중공업의 도시 울산시를 '정주영'시로 바꿀 것을 주장 했다. 중국식 지명인 인천(仁川), 울산(蔚山)[11]을 당장 바꿀 수 없다면 괄호 속에라도 한국이 낳은 위대한 기업인을 기렸으면 하는 바람이었다. 반 기업정서로 넘쳐 나는 대한민국에서는 불가능한 일이지만 그래도 지속적으로 주장해왔고 지금도 그 생각은 변함이 없다. 두 사람의 공헌은 위대했다. 대한민국을 세계에 알리고 빛낸 것은

....

3000억 원)보다 3조9000억 원이 적었다. 문재인 정부가 출범한 2017년부터 지난해까지 4년간 공공부문 인건비는 25.4%(18조1000억 원) 급증했다. 같은 기간 500대 기업 인건비 상승률(14.1%, 10조6000억 원)의 약 2배 가까운 수치다. 김의환 칼럼, "규제와 공무원만 늘어나는 대한민국", OBS 뉴스, 2021.08.

10 위 같은 글.

11 저자는 우리가 중국식 지명을 왜 계속해서 써야하는 지 강력한 의문을 지니고 있다. 시진핑을 만나 중국 몽과 함께 하겠다는 이해하기 어려운 지도자를 가졌던 적도 있지만 대한민국이 진정한 자주 국가가 되기 위해서는 이런 중국식 지명부터 바꿔야 할 것이다.

대기업이 절대적이기 때문이다. 그러나 세계가 부러워하고 찬양하는 기업인들이지만 그들은 한국에서는 초라할 뿐이다. 감옥에 끌려갈 걱정을 해야 하고 기업을 자식에게 물려줄 방법을 찾느라 노심초사해야 한다. 이런 안타까움이 언제까지 계속되어야하는지 안타까울 뿐이다.

VI

경제개발계획을 만들어
한강의 기적을 연출해 내다

공무원

공무원이 성장의 주역?

공무원이 대한민국 번영을 위해 역할을 했다면 이상하게 생각할 것이다. 지금 공무원들의 모습을 보면 당연하다. 자리 지키기만 급급하고 책임 질줄 모르고 생계형으로 전락한 무소신, 굴종 형 공무원들만 가득하기 때문이다. 발전은커녕 발전을 가로막는 온갖 규제만 만들어 내는 집단이 공무원[1]이라고 생각하기 때문이다. 믿기 어렵겠지만 공무원이 경제성장의 주역인 시절이 있었다. 1960년대에서 1980년대까지의 공무원이다. 1960년대와 1970년대에 대한민국 경제성장을 실질적으로 이끈 사람들은 공무원이었다고 해도 과언은

....

1 온갖 수모를 견뎌내며 장님 코끼리 만지듯 생산기술을 더듬어내 시작한 반도체 사업을 세계 1위로 끌어올린 원동력은 '해내고야 만다.'는 기업가 정신이었지만, 한 가지 요인이 더 꼽힌다. 정부 간섭이 없었다는 것이다. 그즈음 정부가 '공업발전법'을 제정해 기업들을 지원한다는 명목으로 각 산업에 시시콜콜 간섭하고 있었지만 반도체는 예외였다. 반도체가 뭔지 잘 몰랐던 공무원들이 건드릴 생각을 못한 덕분이었다. 비슷한 시기에 조훈현 서봉수 유창혁 이창호 등 바둑기사들이 세계 대회를 잇달아 제패한 것과 맞물려 기업인 사이에 자조 섞인 퀴즈가 나돌았다. "반도체와 바둑이 세계 1위에 오른 비결이 뭔지 아는가?", "정부 부처인 상공부와 문화부에 반도체과, 바둑과가 없는 덕분이다.". [이학영 칼럼] "정치가 놔두면 '세계 1등'하는 나라", 한국경제, 2021.10.13.

아니다. 대기업도 세계적인 기업인도 아직 없었던 시절이다. 당시 공무원들은 특별했다. 그들은 공무원이 경제성장의 주역이 되는 세계사에 드문 기록을 남기게 된다.

1960년대~1980년대 한국 엘리트의 핵심은 군인과 관료였다. 6.25 전쟁을 겪으면서 군의 위상이 높아지고 규모가 커지게 되었다. 또한 선진적인 미군의 행정 노하우가 한국군에 이식됐다. 특히 1950년대 이승만 대통령에 의해 많은 장교들이 미국 유학을 다녀오면서 국제 감각을 갖추게 된다. 이런 집단 경험은 훗날 경제 개발에 소중한 자양분이 된다. 기업이 아직 많지 않던 시절이었다. 후진국이던 한국 사회는 직업도 다양하지 못했다. 야망과 꿈이 있는 젊은이들은 육사와 군으로 지원했다. 군에 인재가 몰리던 시기이기도 했다. 군부독재라는 과오를 남겼지만, 그 시절은 군인이 지배하던 시절이었다. 그 토대 위에서 행정고시 출신 관료들이 권한을 위임받아 경제성장을 주도했다.[2]

....

2 국가 지도자의 정부 공무원에 대한 신뢰와 지원은 정부가 성과를 낼 수 있기 위한 가장 중요한 전제 요소 중의 하나이다. 1962년부터 1980년 사이 한국이 세계가 모두 놀라는 경이적인 경제발전을 할 수 있었던 이유는 정부 관료가 정책을 계획하고 만들면 최고 지도자는 이러한 정책이 실현되도록 모든 지원을 아끼지 않았던 사실에 기인한다. 이러한 정치적 지원은 한국이 경제 정책을 매우 효율적으로 추진할 수 있었던 주요한 이유였다. 김의환, 『부패방지는 왜 실패하는가』, 디프넷, 2022.

　행시 1회 수석 합격 실력에 펄펄 끓던 가슴을 가졌던 김학렬은 박정희의 보배였다. 둘은 언제라도 막걸리를 함께 마시며 아이디어를 짜내고 격정을 쏟던 사이였다. 경제개발 5개년 계획을 수립했던 경제기획원[4] 장관 겸 부총리에 취임할 때 칠판에 '종합제철 건설'이라는 커다란 글씨를 써 놓고는 자기가 퇴임할 때까지 지우지 말라고 명령했던 기개를 지녔다. 불철주야 나라경제만을 생각했고 그걸 끝내 구현하려 했던 독종 마인드를 소유했던 공직자였다. 그는 6070시대 공직자의 전형이라고 할 수 있다. 천하제일 욕쟁이기도 했던 그는 틈만 나면 부하들에게 욕설을 포함한 불호령을 내렸다. 대통령이외는 눈에 보이지 않았던 그는 당시 권력자 이후락에게도 "야 미스터 리"라고 불렀다. 49세 나이로 암으로 별세했던 그의 빈소에 갔던 박정희는 애끓는 울음을 멈추지 못했다. "임자, 미안해! 내가 임자를 죽였어"1973년 7월 꿈의 프로젝트였던 포항종합제철 준공식에서 박정희는 김학렬의 이름을 다시 불렀다.

박정희 대통령과 박태준 포철 회장, 김학렬 부총리 포항제철 기공식에서

3 조우석, 『박정희, 한국의 탄생』, 살림출판사, 2009.

최고 지도자와 행정부 공무원들이 혼연일체가 되어 대한민국 발전에 매진했던 처음이자 마지막 시절이 박정희 집권 18년 동안이었다. 가장 유능한 인재가 공무원으로 채용[5]될 수 있었던 시스템을 가졌던 대한민국에서 경제성장의 주요 동력으로 작용한 공무원들은 번영이라는 보고서를 썼다. 신생국 대한민국은 세계에서 가장 가난한 나라였다. 그러나 가장 우수하고 무엇보다도 애국심으로 불타는 공무원들을 가지고 있었다. 초인적인 업무능력과 무한대의 책임감

....

4 1997년 외환 위기가 터지기 전까지 대한민국은 연평균 경제성장률 9%를 뛰어넘는 고도 압축 경제성장으로 '한강의 기적'을 썼다. 1961년 7월22일 출범한 경제기획원(EPB)이 이를 가능케 했다. 경제기획원은 국가재건회의의 1차 계획안을 수정보완한 핵심 실무부처. 경제기획원은 재무부 예산국과 내무부 통계국, 부흥부 기획국 등 핵심 부서의 기능을 모았다. 경제발전에 사활을 건 정부체제로 탈바꿈한 것이다. 이를 바탕으로 1962년부터 1981년까지 4차에 걸쳐 경제개발계획이 실시되고 1982년부터는 명칭이 경제사회발전계획으로 변경돼 시행됐다. 제7차 계획(1992-1996) 이후에 외환 위기로 국제통화기금(IMF) 금융위기 사태가 발생하고 민간 주도 경제성장으로 전환되면서 정부 주도형 경제개발 계획은 마무리됐다. "'가난 추방' 박정희표 압축성장 신호탄[그해 오늘]", 이 데일리, 2022.07.22.

5 모든 공무원 응시자들은 경쟁이 치열한 공개 채용시험에 합격해야 한다. 공무원이 되기 위해서는 대부분 100대 1이 넘는 경쟁을 통과해야 한다. 연줄이나 부모의 배경 등은 공직 채용에 전혀 영향을 줄 수 없었고 실력만 있으면 가난하고 힘없는 부모를 둔 지원자도 당당히 공직 채용시험에서 합격할 수 있었다. "개천에서 용이 난다"는 말이 모든 국민에게 실감되었다. 시험의 공정성을 확보하기 위해 평가는 필기시험으로만 이루지고 부패의 소지가 있는 면접, 인터뷰 방식으로 채용되는 경우는 없었다. 한국이 세계에서 가장 빈곤한 국가였으나 공무원 채용이 오직 지원자 자신의 실력에 의해 공정하게 결정됨으로써 한국 정부는 가장 우수한 인재들을 끊임없이 받아들일 수 있었다. 김의환, 『부패방지는 왜 실패하는가』, 디프넷, 2022.

그리고 자신의 자리를 전쟁터의 최전선으로 인식하는 절박함. 이런 것들이 대한민국 공무원의 일반적인 특성이었다. 결코 다른 나라에서는 볼 수 없었던 한국만의 특성이었다. 공무원 일부분의 특성인 아닌 중앙부처 고위직부터 면사무소의 최 말단 서기까지 모두가 동일하였다. 이런 관료를 가진 한국은 번영할 수밖에 없었다. 한국과 다른 개도국의 결정적 차이 중 하나였다.

한국 공무원들은 국가의 발전이 곧 자신의 발전이라 굳게 믿었다. 선진국 방식인 토론과 부하직원의 의견 존중 같은 민주적인 조직문화는 없었다. 군대 보다 더 엄격 하고 명령 일변도의 수직적인 위계 조직이었다. 그러나 상사들의 비민주적 리더십 하에서도 조국을 발전시키겠다는 일념과 노력은 결코 선진국 공무원들에게 뒤지지 않았다. 훌륭한 청사도 품질 좋은 사무용품도 없었지만 무서운 집념과 열정 그리고 불철주야 노력, 이 세 가지가 대한민국 공무원 조직 어디에나 흘러 넘쳤다.[6] 지독한 가난과 저발전의 늪에서 벗어나기 위

....

6 한국 공무원들은 자신의 상사로부터의 어떤 종류의 지시와 명령에도 최선을 다해 수행하는 성실함을 보였다. 개인적인 생각과 행동을 하는 경우는 없었고 직무를 수행하는 동안 상사와 반대되거나 다른 판단이 들 경우에도 자신의 의견을 제시하는 경우는 없었다. 일사불란한 명령체계가 작동하는 군사조직과 다름없이 행정조직도 고도의 통일성과 신속함을 유지할 수 있었다. 대부분의 공무원에게 개인 생활은 없었으며 휴일도 없이 1년 내내 사무실에서 일했다. 사실상 그들에게는 가족과 함께 보내는 시간은 없었다. 공무원 동료들이 가족이었고 사무실이 집이었다. 자신이 살던 집이 이사를 갔는데 퇴근 후에 새로 이사 간 집을 찾지 못한 경우도 흔했다. 공무원들이 지닌 우수한 역량과 최고의 교육 배경 그리고 자신의 삶을 송두리째 국가에 헌신한 희생을 바탕으로 한국은 놀라운 성과를 달성 할 수 있었다. 위 같은 글.

해 공무원들이 앞장서야 하고 모범을 보여야 한다는 소명의식과 책임감이 상하를 막론하고 공무원 조직 전체에 가득했다. 민간분야의 '잘살아 보세'가 '새마을 운동'으로 농촌을 중심으로 전 국민들 사이에 나타났다면 대한민국을 발전시켜야겠다는 각오와 다짐은 공무원들의 실천과 마음가짐에서 드러났다.

고도성장이 계속되던 1960년대부터 1990년대 중반까지 대한민국 정부와 공무원은 대한민국의 번영을 앞에서 이끌어 갔다. 경제발전을 위한 기술과 자본은 외국으로부터 도입이 불가피했다. 그러나 그런 성장의 재료를 발전의 동력으로 만들어 나가는 것은 순전히 사람의 몫이었다. 대한민국은 저력이 있었다. 식민지로 전락하여 모든 것을 빼앗기고 공산 침략으로 국토는 잿더미가 되었어도 공부와 자기 수양을 게을리 하지 않았던 수 백 년 동안의 저력은 결코 헛된 것이 아니었다. 그런 저력과 잠재력이 효율적인 공무원 조직과 결합되면서 폭발적인 발전 동력으로 뿜어져 나온 것이다.

조선 시대의 숨 막히는 봉건 질서와 일본 제국주의 식민통치가 남긴 물적인 토대는 빈약했다. 가장 빈곤하고 아무것도 가진 것 없는 정부가 국가 발전을 이끌어 낸 매우 드믄 사례를 한국의 공무원 시스템이 보여준 것이다. 군대 조직문화의 장점이라 할 수 있는 집행력, 추진력과 관료의 정교함, 치밀함이 결합됨으로써 한국형 발전모델이 만들어 진 것이다.

한국은 중국과 함께 오랫동안 과거제도를 유지해온 나라다. 관료의 선발이 가문이나 위세나 배경이 아니라 시험에 의해 이루어 졌다. 그래서 권문세가는 물론 평범한 집안에 이르기까지 과거 시험은 가문의 관심사였고 급제자는 지역의 가장 큰 자랑이었다. 과거시험의 전통은 공무원 임용 시험으로 이어졌다. 공무원이 되는 것은 과거시험처럼 자신은 물론 가문을 빛내는 것이라고 믿은 결과였다. 조선시대 사람들은 암흑 같은 봉건적 신분 질서 속에서도 자신의 실력을 연마함으로써 과거에 합격해 신분 상승을 하겠다는 열망을 지녔다. 이런 습속과 의식은 대한민국 건국 후에도 변함없이 이어졌다. 그래서 한국의 관료제는 왕조와 시대에 관계없이 일관성을 갖는 유일한 시스템이라고 할 수 있다. 일본 식민지로 전락함으로서 씻을 수 없는 치욕과 절망을 남긴 조선 왕조였지만 조선의 과거제도가 대한민국 번영에 큰 역할을 했던 공무원 채용시험으로 이어졌다는 사실은 역설적이라 할 수 있다. 모든 전통이 전근대적이라 부정되고 대부분 파괴되었으나 과거제도만큼은 공무원 시험으로 이어져 왔다. 국가 공무원시험은 행정고시와 공무원 채용시험이라는 이름으로 현재에도 이어져 오고 있다. 이 채용시험으로 1960년대와 1970년대에 선발된 공무원들에 의해 신생국 대한민국은 번영의 길에 본격적으로 진입했다.

VII

대한민국 번영의
두 가지 역설

1

비극이었으나 번영의 씨앗이 되다
- 6.25 전쟁

세계에 가장 알려지지 않았던 한반도가 6.25 전쟁을 통해 세계의 주요 이슈지역으로 등장하게 된다. 6.25 전쟁은 코리아라는 나라가 세계라는 무대에 처음으로 모습을 드러낸 계기가 되었다. 처참한 동족상잔이라는 비극적 성격에도 불구하고 그 비극의 대가는 결코 무의미하지 않았다. 수 백 만 명의 희생으로 한반도는 비극의 땅에서 번영의 땅으로 극적으로 변모하게 된다. 역설적이지만 대한민국 번영은 결국 6.25라는 비극으로부터 잉태되게 되었다.

비극적 전쟁으로 얻은 번영의 열쇠

6.25는 아직도 봉건잔재로 가득했던 한국사회를 일거에 파괴한다. 양반중심, 문벌, 가문 중심의 신분적 질서가 뿌리 채 흔들리고 전국적인 인구 이동이 급격하게 이루어짐으로써 수 백 년 동안 뿌리 깊었던 지역적 토착화 기반이 흔들리게 되었다. 도시가 폭발적으로 성

장하면서 농촌인구가 도시로 몰리는 사회변동을 초래했다. 구질서에 익숙한 기득권 세력에게는 재앙이었으나 정체되고 폐쇄적인 닫힌 사회였던 한국사회가 본격적으로 열리는 대개방의 시대가 시작되었다. 다이나믹 코리아가 시작된 것이다.

잘 살아보세! 성공에 대한 열망이 지배

위선과 허위의식이 가차 없이 무너지고 경제성장과 생활수준 향상이 국민의 정신과 의식, 삶의 최고 가치와 목표로 자리 잡게 되었다. "호랑이는 굶어도 풀을 뜯지 않는다. 양반은 냉수를 먹더라도 배고픈 척을 해서는 안 된다."는 등 유교적 가치관에 따라 천시되던 물질적 열망이 모든 국민의 최우선적 삶의 목표로 확산된다. 가난과 청빈이 자랑이던 시절은 사라지고 물질적 과시와 경제적 풍요가 모든 사람들의 욕망과 바람으로 굳어진다. 지나친 물질주의가 여러 문제점을 낳기도 했지만 한국 번영의 기적은 이러한 경제적 성공에 대한 열망이 사회 전반으로 확산됨으로써 가능해졌다. 6.25의 폐허를 딛고 활기와 도전으로 가득 찬 번영의 시대가 시작된다.

한편, 해방 전후에 끊임없이 남한 사회를 불안하게 만들었던 남한 내 좌익 사회주의와 공산주의 세력은 6.25로 인해 괴멸 적 타격을 입게 된다. 6.25 이전 남한 적화를 위해 폭동과 혼란을 주도하였던 남로당_{남조선노동당}과 좌익, 공산주의자들은 남한에서 대부분 사라졌다. 일부가 지리산 등에서 빨치산 활동을 했지만 모두 진압되었다.

6.25 전쟁 3년 동안 공산주의자들의 만행과 잔인함을 경험했던 남한 사람들로서는 공산주의자들은 함께 살 수 없는 존재로 인식하게 된 것이다. 남한에서 공산주의 세력은 법률적으로도 국민 감정상으로도 더 이상 발붙이기가 어렵게 되었다.[1]

6.25는 남한사회의 질적 양적 변화를 초래했다. 물질적 측면은 물론이고 정신세계에도 엄청난 변화를 가져왔다. 빈약하지만 남한에 남아 있던 물질적 토대는 완전히 붕괴되었다. 전통적인 양반과 상놈의 수직적 신분제도도 외견상으로는 거의 사라졌다. 이승만 대통령에 의해 부여된 전 국민 보통선거제도[2]는 평등의식을 광범위하게 전체 국민에게 확산시켰다. 그러나 정신적 측면의 유교적 관념과 전통은 쉽게 없어질 수 없었다.

500년 넘게 이어져온 조선의 유교적 전통은 강고하였다. 신생 한국이 당면한 수많은 과제 중에서 국민의 인식과 태도를 결정하는 근대적 합리적 사고는 가장 중요한 요소였다. 물질을 천시하고 상업을

....

1 이 때 소멸된 공산주의 추종 세력들은 50년 후 대한민국이 번영에 접어든 21세기에 한국사회의 권력층을 비롯해 광범위하게 부활한다. 참으로 이해하기 어려운 일이 아닐 수 없다.

2 일본 메이지유신으로 선거제도가 도입되었지만 1870년대 최초 선거는 남자에게만 참정권이 인정되었으며 남자인구의 1.3%만이 투표권이 인정된 매우 제한된 제도였다. 남녀구분 없이 모든 성인에게 선거권을 부여했던 이승만 대통령의 결단은 1950년대 한국사회의 경제 사회적 수준을 감안할 때 경이롭기까지 한 것이었다. 결국 이승만의 결단은 한국의 자유민주주의체제를 더욱 공고히 하게 되었다.

경시여기는 사농공상의 유교적 질서와 외부 세계를 거부하고 소중화적 사대주의에 함몰된 폐쇄적 세계관은 대한민국의 발전을 저해하는 가장 강력한 내부의 적이었다. 6.25로 모든 물질적 토대는 붕괴되었지만 한반도를 빈곤과 저발전 그리고 멸망으로 이끌었던 폐쇄적이고 배타적인 의식구조는 신생국 대한민국이 극복해야하는 최대 걸림돌이었다. 중국이 등소평이 등장하기 전까지 30년 동안 세계에서 가장 후진적이고 빈곤한 나라로 전락하게 된 이유도 반자본주의 사고에 근거한 모택동의 사농공상과 폐쇄적 이념의 결과였다. 세계 10위권의 경제대국으로 번영한 한국은 놀랍게도 아직도 폐쇄적 세계관과 사농공상의 유교적 차별 구조가 정치권을 비롯해 곳곳에 남아있다. 이런 상황 속에서도 대한민국 기업들은 눈물겨운 노력으로 오늘의 성장을 이룩해 낸 것이다.

2
번영의 촉매로 작용한 반일, 극일의 에너지
– 일본[1]

　일본은 한국인들로부터 절대로 잊혀 지지 않을 나라다. 타국에 대한 감정은 시대와 상황에 따라 조금씩 다르지만 대개는 우호적인 감정과 배척하는 감정이 교차된다. 그러나 한국인에게 일본은 이러한 일반적인 경향에서 예외적으로 간주된다. 특수한 대상이자 존재다. 원한과 증오가 압도적으로 크다.

....

1　오랫동안 일본은 우리에게 '특별한' 나라였다. 이 말엔 부러운 선망의 대상이란 의미와 함께 이질적이고 이상한 존재란 뜻이 함께 담겨 있다. 일본은 부유한 선진국의 상징과도 같았다. '메이드 인 재팬'은 신뢰의 대명사였고 일본식 모델은 국가 발전의 롤 모델 역할을 했다. 강력한 경제, 안정된 사회 질서, 워크맨·가라오케로 상징되는 혁신 능력, 남을 배려하는 국민성은 언제나 감탄의 대상이었다. 동시에 이해하기 힘든 피곤한 이웃이기도 했다. '칼의 DNA'가 새겨진 민족성은 우리의 경계심을 자극했고, 반성하길 거부하는 왜곡된 과거 인식은 우리를 분노케 했다. 긍정적이건, 부정적이건 일본은 '보통의' 나라가 아니었다. 박정훈 칼럼, "특별하지 않은 '보통 국가' 일본과의 대면", 조선일보, 2022.07.15.

한반도는 중국 계열한족이와 여진족, 몽고족, 거란 등의 침략을 받은 경우가 일본으로부터의 침략보다도 압도적으로 많다. 일본이 공식적으로 한반도를 침략한 것은 임진왜란 단 한 번뿐이다. 백제 멸망 후 백제 부흥을 위해 7세기경 한반도에 파병했던 일본 고대 군대는 침략이라기보다는 자신들의 모국 백제를 지원하러 온 것이었다. 이른바 백강 전투[2]다. 신라와 당나라 연합군에 의해 일본군은 괴멸되고 백제 부흥의 꿈도 일본 군대와 함께 사라졌다. 한국인들에게 대대손손 이어지는 일본에 대한 원한은 대부분이 일제의 한반도 식민지화에 따른 결과였다. 그 당시 조선은 스스로 무너졌기 때문에 식민지가 되었던 원인이 일본의 침략이라는 말도 정확하지 않다. 임진왜란과 일본 식민지화 이외의 원인으로는 고려시대부터 지속적으로 한반도에 출몰한 왜구와 그에 따른 일본에 대한 적개심도 부정적인 감정으로 작용한다. 말이 왜구이지 사실은 거의 군대 수준이라는 것이 정설에 가깝다. 한반도 문명의 종주국이라 할 수 있는 중국의 침략과 괴롭힘에는 그냥 숙명으로 여기고 감내했지만 문화적 후진국이자 왜구라고 부르며 무시했던 일본은 아무리 군사력이 강했어도 한반도 주민들에게는 도적떼에 불과하였다. 그래서 객관적 사실은 무

....

2 백촌강 전투라고도 한다. 660년 백제가 멸망한 후 일본의 구원병과 백제의 부흥군이 합세하여 나당연합군과 벌였던 전투. 『일본서기』에는 백촌강으로 기록하고 있다. 백강의 위치에 대해서는 정확하게 확인되지 않았다. 일본은 백제와 전통적으로 우호관계를 맺고 있었고, 백제가 멸망한 후 663년 약 4만 명의 군대를 파견했다. 이 싸움에서 나당연합군은 왜선 4백여 척을 불태우는 등 왜군을 크게 격퇴했다. 「백강전투(白江戰鬪)」, 『한국고중세사사전』, 한국사사전편찬회, 2007.3.30.

시하고 한반도를 노략질 한 것은 그냥 도적질 정도로만 간주했다. 이런 비역사적이고 몰사실적인 태도는 황당하지만 한반도 인들의 자존심이라고도 할 수 있다. 중국에는 머리를 숙이지만 일본만큼은 침략 당했다는 말을 하고 싶지 않았기 때문이다.

한반도 주민들의 의식과 감정 속에 켜켜이 축적된 이런 자존심이 오늘날 대한민국 번영 원인 중의 한가지라면 논리의 비약일까? 나는 그렇지 않다고 본다. 짓밟히고 나라를 빼앗기고 말로 표현할 수 없는 수모와 고통을 당했던 바로 그 원한과 증오의 감정이 일본을 이겨야 한다는 한반도 인들의 일치단결로 표출되었다. 당쟁으로 파를 갈라 서로 싸우고 단합보다는 분열이 한반도 인들의 일반적 특성이라고 하지만 일본이 관련 될 때는 달랐다. 임진왜란 때는 의병으로 봉기하고 일본제국주의 식민지 상태에서는 만세운동으로 저항했다. 대한민국이 건국된 후로는 스포츠 경기에서 한일전만 있으면 온 국민이 지역, 계층 및 남녀노소를 불문하고 하나가 되었다. 국민을 실망시키는 천부적(?) 재능을 지닌 정치인들도 자신들의 선거 전략에서 일본은 단골 메뉴였다. 인기가 시들해지고 지지율이 떨어지면 반일 감정[3]의 불을 붙인다.

....

3 일본은 1965년 한·일 청구권 협정에 따른 유·무상 5억 달러 지원금으로 과거사 채무가 일괄 타결됐다는 입장을 고수한다. 한국의 입장은 다르다. 청구권 자금을 받아 포항제철과 경부고속도로 건설 등 경제 개발에 활용한 것은 사실이다. 하지만 위안부와 징용공 등 피해 당사자는 사과와 배상을 받지 못했다고 반발한다. 2015년 12월 박근혜 정부가 가까스로 화해치유재단을 출범시키고, 일본 정부가 기금 지원에 나서면서 극적인 화해가 이뤄지는가 싶었다. 하지만

그러나 한국의 번영을 위해 일본은 극복해야하고 저항해야만 하는 대상은 아니었다. 일본은 우리에게 많은 것을 주기도 했다. 적극적으로 일본이 한국의 번영을 돕지는 않았지만 결과적으로 한국이 일본의 도움을 받았다고도 볼 수 있다. 경제에서 한국이 경이적인 성장을 할 수 있었던 중요한 이유는 한국 바로 옆에 세계 2위 경제대국 일본이 있었다는 사실을 부인할 수 없다.[4] 일본의 기술·지식 이전과 자본 지원, 한국 산업계의 '일본 베끼기'가 없었다면 '한강의 기적'은 불가능했을 것이다. 자본, 기술, 경영 등 모든 것이 부족한 한국으로서는 가장 가까운 일본이 한국의 교과서[5]일 수 밖에 없었다. 욕하면서 배운다는 말이 한국의 상황을 설명한다. 일본에 대한 끓어오르는 분노와 증오가 크면 클수록 일본을 따라 잡아야한다는

....

　　문재인 정부 들어와 화해치유재단이 사실상 해체되고, 한국 대법원이 2018년 10월 징용공 손해배상 청구권을 인정하면서 대립이 격화했다.

4　"일본에 의해 식민지가 되고 우리가 피해를 본 측면도 있다. 그러나 일본은 아시아 국가 중 유일하게 근대화에 성공해 제국을 건설했으며 고도성장도 제일 먼저 했다. 한국은 일본을 거울 삼아 좋은 것은 빨리 배우고 나쁜 것은 피할 수 있었다. 우리에게 '정면 교사(正面敎師)'이자, '반면(反面) 교사'인 일본이 옆에 있는 것은 그런 점에서 큰 축복이다." 송의달, [송의달 LIVE] "토착왜구 낙인찍고 知日 막는 한국, 일본처럼 몰락한다", 조선일보, 2022.07.31.

5　지금 우리가 사용하는 개념어들(자유, 문명, 사회, 개인, 권리, 철학, 예술, 법률, 경제, 민주, 정부, 학문, 국가, 기업, 회사, 야구, 축구, 농구, 신경, 동맥, 정맥, 뇌 등)은 소수의 한자어를 제외하고는 대부분 일본이 만든 것들이다. 이러한 개념어들은 단순한 번역이 아니라 오래 전 견수사, 견당사, 조선통신사의 전통이 메이지시대 이와쿠라 사절단 등으로 이어져서 서구문명을 직접 가서 체험한 수많은 메이지시대 지사들이 그 문명에 대한 철저한 해부와 분석을 통해 얻어진 지적결정체들이다.

국민적 일치감은 더욱 커졌다. 증오와 욕설을 퍼부으면서도 한국인은 선진국인 일본의 일거수일투족을 놓치지 않았다. 개도국 중에서 가장 모범적이고 우수한 학생답게 한국은 일본이 이룩한 경제적 성과와 발전의 동력들을 너무나 빠른 시간에 습득했다. 거기에 타고난 한국인의 우수성은 청출어람[6]까지 이루어 내었다. 일본의 부정적인 모습은 극복하고 한국의 경제 발전에 필요한 내용중심으로 경제성장을 이루어 내었다. 장비, 원천 기술이나 부품 소재 등은 대부분 일본 것이었으나 한국인 특유의 배짱과 유연함으로 일본식을 한국식으로 만들어 내었다. 일본이 고급 소재부품를 만들었고, 한국은 이를 가져다가 중간재나 반제품을 생산했다. 짧은 시간에 일본을 따라 붙었고 결국 한국이 일본보다 앞선 분야[7]까지 나오게 되었다. 그야말로 청출어람이었다. 치밀하고 철저하고 신중한 일본의 경영 방식이 제조업이 지배하던 시대에는 글로벌 스탠다드였으나 정보통신과 초연결이 지배하는 인터넷, 스마트 폰 시대에는 변화에 능하고 초스피

----

6 제자가 스승을 능가한다는 의미의 고사 성어.
7 우리나라는 난공불락의 일본 반도체를 무너뜨리는 신화를 만들어 냈다. 일본의 전문가 중에는 한국 반도체가 성장할 수 있었던 배경에 일본기업의 장비 공급이 있었다고 주장하는 전문가들이 있다. 그것도 틀린 이야기는 아니다. 그러나 전 세계 기업이 일본에서 반도체장비를 살 수 있는데 왜 유독 한국 기업만 성공했는가에 대한 답은 될 수 없다. 무엇보다도 일본은 반도체 생태계에서 수요를 창출하는 가전·스마트폰 제품이 없다. 특히 스마트폰은 고성능·고가의 반도체가 필요하기 때문에 반도체 산업적으로 매우 중요한 제품이다. 우리나라보다 수십 년 먼저 산업화를 일궈낸 일본과 우리가 경쟁할 수 있는 것은 국민성과 기업문화가 중요한 작용을 한 것 같다. [유지수의 경세제민] "일본의 경쟁력, 한국의 경쟁력", 이데일리, 2022.03.10.

드 경영이 장점인 한국이 일본을 앞서 나가게 된 것이다.[8]

일본이 오랫동안 한반도 인들을 괴롭혀 왔지만 그 괴롭힘은 한반도 인들의 DNA에 원한과 분노로 자리 잡으면서 자나 깨나 일본을 잊지 않도록 만들었고 복수의 칼날을 갈게 만들었다. 그 결과가 이제야 구체적으로 나타난 것이다. 한국의 경제성장이 바로 그것이다. 20년 사이 우리의 소득이 3배 늘어났지만 일본은 제자리걸음을 했다. 100여 년을 축적한 일본의 지적·물적 자산과 과학 기술력은 여전히 강력하고 일본이 중요한 나라임은 변함이 없다.[9] 그러나 과거처럼 압도적이진 않다.[10] 세계적인 일본 전자업체 모두를 합친 것보

....

8 불가능하다고 했던 일들이 벌어졌다. 천하의 소니며 마쓰시타가 쇠락하고 삼성·LG가 그 자리를 차지하리라고 누가 상상이나 했겠나. 네이버의 '라인'이 일본의 국민 메신저로 군림하게 될 것임을 어떻게 내다볼 수 있었겠는가. 박정훈 칼럼, "특별하지 않은 '보통 국가' 일본과의 대면", 조선일보, 2022.07.15.

9 "일본은 '사람'이 아니라 '법'과 '시스템'으로 움직이는 사회이다. 몇 달 후에도 금방 바뀌는 예측 불가능한 한국과 다르다. 한국이 진정한 선진국이 되려면 규칙과 시스템으로 움직이는 사회가 돼야 한다. 또 하나는 장인(匠人)정신, 프로페셔널 의식이다. 스페셜리스트 없이 제너럴리스트만으로는 일류국가가 될 수 없다. 평균주의, 평등주의를 넘어 한 분야에 열중하는 일본의 오타쿠(オタク·御宅) 같은 천재급 인재들이 많아지고, 이들이 마음껏 몰입해 성과를 낼 때 사회가 질적(質的) 도약을 한다." 송의달, [송의달 LIVE] "토착왜구 낙인찍고 知日막는 한국, 일본처럼 몰락한다", 조선일보, 2022.07.31.

10 삼성 '갤럭시'가 세계 시장을 석권하는 동안 일본은 변변한 스마트폰 브랜드조차 못 만드는 나라가 됐다. 도요타의 하이브리드차와 현실증강 게임 '포켓몬고' 이후 세계를 사로잡은 일본발 혁신이 떠오르지 않는다. 구로사와 아키라를 배출했던 일본 영화는 '오징어 게임'으로 대표되는 K콘텐츠에 밀려났고, 일본 '망가'는 한국 웹툰에, 닌텐도 게임기는 한국형 온라인 게임에, J팝은 K팝에 무릎을 꿇었다. 선진적이라던 일본식 시스템은 코로나 팬데믹에 의해 허상을

다 삼성전자 한 곳이 압도적 우위를 보이고 있는 현실이 바로 그것이다. 또한 K팝으로 대표되는 한류는 백년 넘게 구축한 일본 문화의 힘을 한 방에 저 멀리 뒤처지게 만들고 있다. 일본을 이기겠다는 처절하고 한 맺힌 한반도 인들의 절규가 이제는 구체적인 성과로 나타나고 있다. 일본을 극복하고 이겨야겠다는 한반도 인들의 깊은 원한이 오늘의 대한민국 번영의 한 가지 이유가 된다는 점은 확실하다.

드러냈다. 확진자 집계를 비롯한 모든 행정 절차를 구닥다리 팩스에 의존하는 일본의 후진성이 세계인을 놀라게 했다. 박정훈 칼럼, "특별하지 않은 '보통국가' 일본과의 대면", 조선일보, 2022.07.15.

대한민국은 어떤 나라인가? 대한민국의 정체성은 무엇인가?

이 글을 쓴 이유는 결국 대한민국을 어떤 나라로 볼 것인가에 대한 것이다. 다시 말해서 대한민국의 正體性정체성을 어떻게 볼 것이냐의 문제라고도 할 수 있다. 우리에게 대한민국은 어떤 나라인가? 이 질문에 자신 있게 대답할 수 있는 사람이 대한민국 국민 모두이기를 바란다. 특히 앞으로도 계속 이 땅에서 살아가야할 후세들은 그런 생각을 가졌으면 한다.

자기가 태어나고 살고 있는 나라가 자랑스러운 나라이고 지켜야 할 가치가 있는 나라임을 분명히 알고 있었으면 한다. 우리가 지켜 왔고 앞으로도 지켜나가야 할 가치는 분명하다 이 책에서 시종일관 강조한 것이기도 하다. 자유민주주의의 핵심 가치인 개인의 자유와 인권이다. 대한민국은 이런 가치를 지켜 왔던 나라였기 때문에 앞으로도 지켜나가야 할 나라이다. 그러나 이런 생각을 가진 국민이 얼마나 될지는 사실 알 수 없다.

독립을 얻은 것도 미국으로부터였고 북한의 침략에서 벗어날 수 있었던 것도 미국의 도움이 절대적이었던 대한민국의 정체성 문제에 대한 합의는 쉽지 않다.

대한민국이 어떤 국가인가에 관한 국민적 합의와 갈등의 해소는 정치권뿐만 아닌 시민과 지식인 사회의 몫이기도 하다. 그 어떤 정책이나 정치적 사건보다 우리 스스로에게 자문해보아야 할 질문이기도 하다.

저자의 졸고가 대한민국이라는 나라가 태어나고 성장할 수 있었던 원인과 이유들에 대해 객관적이고 실증적인 접근을 위한 작은 참고가 될 수 있기를 희망한다.

| 지은이 소개 |

김의환金義桓

가장 가난한 나라에서 태어나서 가장 번영한 나라에서 살고 있다. 대한민국 번
영의 원인이 늘 궁금했다. '비영리, 비정치'를 지향하는 독립적인 싱크탱크 '포럼
더 나은 미래'를 2000년 8월에 창립하여 이끌고 있다. 연간 40~50회의 크고
작은 모임을 한다. 학계, 관계, 언론, 법조, 기업, 예술 등 다양한 분야와 배경을
지닌 회원들과 함께 수많은 토론을 하고 있다. 토론의 목적은 대한민국의 번영
과 발전을 위한 '생각 키우기'다. 포럼에서 토의하고 고민한 내용들로 많은 글을
써 왔다. 칼럼 형식으로 기고도 했었다.

행정고시에 합격해 30년간 중앙부처, 대통령실, UN(뉴욕) 등에서 근무했다.
저서로는 UNDP 한국인 최초의 반부패전략서 『The Practitioner's Note on
Anticorruption』, 리더십을 다룬 『명상사 유상사』, 사람과 돈이 몰려드는 뉴욕의
매력을 담은 『김의환의 뉴욕에서 600일』, UNDP 근무 경험을 바탕으로 UN이
왜 최고의 직장인가를 분석한 『UN에 취업하기』, 선진국으로 가는 마지막 관
문인 반부패 정책 제안서 『부패방지는 왜 실패하는가』 등이 있다. 경북 안동
에서 출생(1960년) 후 유치원부터 고교 2년까지 부산에서 성장했다. 고려대학교,
미국 오하이오 주립대 대학원을 졸업했다.

30년의 기적
왜 대한민국은 번영했을까?

2022. 11. 1. 1판 1쇄 인쇄
2022. 11. 10. 1판 1쇄 발행

지은이 김의환
발행인 김미화 **발행처** 인터북스
주소 경기도 고양시 덕양구 통일로 140 삼송테크노밸리 A동 B224
전화 02.356.9903 **팩스** 02.6959.8234 **이메일** interbooks@naver.com
홈페이지 hakgobang.co.kr **출판등록** 제2008-000040호
ISBN 978-89-94138-87-9 03300 **정가** 20,000원

■ 파본은 교환해 드립니다.